악인의 매력을 훔쳐라

초판 1쇄 인쇄일 2015년 08월 19일
초판 1쇄 발행일 2015년 08월 24일

지 은 이 조희전
펴 낸 이 김양수
편집·디자인 송다희
교정 장하나

펴낸곳 맑은샘
출판등록 제2012-000035
주소 경기도 고양시 일산서구 중앙로 1456(주엽동) 서현프라자 604호
대표전화 031.906.5006 팩스 031.906.5079
이메일 okbook1234@naver.com
홈페이지 www.booksam.co.kr

ISBN 979-11-5778-068-6 (03190)

「이 도서의 국립중앙도서관 출판시도서목록(CIP)은 서지정보유통지원
시스템 홈페이지(http://seoji.nl.go.kr)와 국가자료공동목록시스템
(http://www.nl.go.kr/kolisnet)에서 이용하실 수 있습니다.(CIP
제어번호: CIP2015022833)」

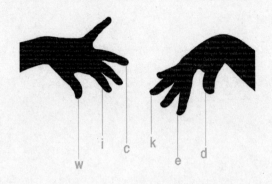

악인의 매력을 훔쳐라

조희전 지음

CONTENTS

세상에는 착한 사람들이 수없이 많으나 대부분이 성공을 거두지 못한다. 그 이유는 무엇일까. 그 사람들의 능력이나 재능이 부족하기 때문일까. 물론 그럴 수도 있다. 하지만 진정한 문제는 그게 아닐지도 모른다. 공자는 앞에 지나가는 세 사람 중에는 나의 스승이 있다고 말했다. 그 스승이 반드시 훌륭한 사람이어야만 하는 것일까? 나는 그렇지 않다고 생각한다. 역사상 유명한 악인에게서도 우리는 배울 수 있다. 악인은 본받지 말아야 할 인물인데 무슨 미친 소리냐고 말할 수도 있다. 하지만 그들 삶의 방향은 옳지 않더라도 그들에게도 분명 배울 점이 있다고 확실히 말할 수 있다. 세상을 살아감에 있어서 선함도 중요하지만 때론 악할 필요가 있다. 선함만으로 세상을 살아가기에 우리들 세상은 너무도 험난한 면이 많기 때문이다.

악인이 성공할 수 있었던 것은 그들이 매력적이었기 때문이다. 이들은 우리들에게 자신과 같은 매력을 지니라고 말하고 있다. 그들의 매력을 훔쳐 보자. 악인의 몸속에는 그들만의 매력이 숨겨져 있다. 프로메테우스가 신에게서 불을 훔쳐 오듯이 필자도 악인에게서 매력을 훔쳐 왔다. 그 벌로 돌덩이를 굴릴지도 모르지만, 악인의 매력이 불만큼이나 필요하다고 생각한다. 악인의 매력이 당신의 혈관에도 흐르게 하자. 우리를 죽게 만드는 뱀의 독이 때로는 약으로 쓰이듯이 악인의 매력이 당신의 인생을 구해 줄 수 있다.

1부에서는 착함에 대한 편견을 알아보았다. 그리고 제2부에서는 이름난 역사 속 인물 33명을 살펴보고 그들에게서 무엇을 훔칠 수 있는지 하나하나 살펴보는 시간을 갖자. 이들 33명 중 대다수는 극악무도한 악행으로 역사에 기록된 자들이다. 그들의 악행은 너무도 잔인하고 심했기에 역사는 그들을 악인으로 기록하고 있다. 그들을 향한 평가는 당분간 뒤집히지 않을 것이다. 그들의 행동에 당신은 전율 또는 세포의 각성이 일어날 것이다. 당신 안에도 악인의 세포가 있다. 악인의 세포를 조금만 깨워 보자. 때로는 그들 악인의 세포가 당신을 매혹시킬 것이 분명하다. 너무 매혹당하지 않도록 조심하며 그들의 삶을 따라가자.

3부에서는 악인이 무엇이 뛰어났는지 적어 보았다. 또한 당신이 해야 할 행동을 적어 보았다. 그렇게 현대 사회에서 악인의 피가 어떻게 적용될 수 있을지 살펴볼 것이다. 단지 악을 저지른 역사적 인물에 대한 고찰로 그치지 않게 하기 위해서였다. 당신 안에 악의 매력이 흐르는 순간 당신은 지금보다 훨씬 더 나은 삶을 살아갈 수 있다.

착함에 대한 편견들

하나. 착하면 복을 받는다?

믿는 자는 들은 착하게 살면 천국에 갈지는 모르지만, 현실은 그렇지 않다. 미국의 공화당 대통령 후보인 도널드 트럼프는 하느님이 집을 원하면 한 채 내놓겠다고 하지만 현실에서는 착하게 살지는 않겠다고 말했다. 그는 현실에서 착하게 살지는 않지만, 현실의 복은 많이 받은 것 같다. 그의 재산은 대통령 후보 중에 제일 많기 때문이다.

베푼 만큼 돌아온다는 말이 있다. 하지만 현실에서는 꼭 그렇지 많은 않은 것 같다. 예컨대 복이란 꼭 수학적 계산에 의해서 돌아오는 것은 아니라는 것이다. 내가 내놓은 것이 10이라고 해도 꼭 10만큼 돌아오는 것은 아니라는 말이다. 이처럼 현실 세계의 냉혹함은 착하면 복을 받는다는 맹목적인 신앙을 무너뜨린다.

둘, 착하면 사랑을 받는다?

착하면 사랑을 받을 것이라는 현실 세계의 맹신도 역시 마찬가지이다. 이로써 현실 세계에는 불행한 착한 남자와 착한 여자들이 있다. 이들은 인내와 고통을 감당하지만, 현실 세계에 그들은 애처롭게도 사랑받지 못한다. 이들이 주로 받는 것은 사랑이 아니고 오히려 이용당하기 십상이다. 그들을 이용하는 사람들은 주로 나쁜 남자와 나쁜 여자들이다. 이는 남녀 간의 사랑만에 해당하는 일은 아니다. 가정이나 직장에서도 착한 사람들은 이용당하기 십상이고 이를 이용하는 악한 사람들은 현실 세계에서 이득을 취한다.

셋, 착하면 인기가 많다?

착하면 인기가 많으리라는 것 역시 편견이다. 마이크 타이슨은 비둘기에게 먹이를 나누어주는 착한 소년이었으나, 찌질하다고 왕따를 당할 뿐이었다. 그는 분노의 주먹을 날렸고 그 결과 모든 현실 세계는 바뀌기 시작했다. 이른바 선으로서 악을 대하는 데는 역부족이라는 것이다. 그것은 천사들의 방식일지는 모르나 현실 세계의 인간에게는 도무지 적용되지 않는 방법이라고 할 수 있다. 착하면 인기가 많을지 모른다는 착한 사람들의 순진한 속마음과는 달리 착한 사람은 때때로 왕따를 당하기 일쑤이다. 왕따를 당했던 일본의 변호사 오하라 미쓰요 역시 세상 가장 착한 사람 중 하나였다. 하지만 그녀는 할복하고 싶은 배신을 당할 뿐이었다.

악인의 매력을 훔쳐라

화가 났다. 세상을 착하게 살려고 하는 사람들이 차별받고 학대당하는 일을 참을 수 없었다. 그래서 역사 속의 가장 강력한 악인들을 불러왔다. 그들의 강력한 기운을 받아서 착하게 살려고 하는 많은 이들이 그들의 삶에서 승리하기를 바랬다. 이른바 이에는 이, 눈에는 눈이다. 이는 옛날 법이라고 할 수 있지만, 오늘날 현실 세계에도 그대로 적용된다.

역사 속 악인들

히틀러
HITLER

예술적 감각을 지니다

그림에 소질과 관심을 보여 빈 미술 학교와 건축 학교에 지원했지만 모두 낙방하였다.

하지만 히틀러의 젊은 시절 그림을 보면 재주가 상당했음을 알 수 있다. 그래서 그는 그림을 완전히 포기하지 않았다. 히틀러는 제2차 세계 대전 중에도 종종 그림을 그린 것으로 추정된다.

히틀러는 집권 후 종종 사설 영화관에서 애니메이션을 보았으며 당시 동화 '백설공주와 난쟁이'를 가지고 있었다고 한다.

훈장을 타다

히틀러는 플랑드르 지방에서 주로 영국군과 싸웠는데 전쟁 내내 연락병으로 중대와 연대 본부를 오가는 메시지를 전달하면서 두 차례의 죽을 고비를 넘겼다. 그 보답으로 1914년 12월에 2급 철십자 훈장을 받았다. 1918년 5월에는 적을 앞에 두고 용감했다는 이유로 연대 훈장을 받았다. 같은 해 8월 4일에 1급 철십자 훈장을 받았는데, 이것은 사병에게 극히 드문 일이다.

폭동을 일으키다

1923년 히틀러는 자신이 봉기할 지역으로 뮌헨을 선택했고 11월 11을 디데이로 잡았다.

히틀러는 수많은 경찰이 맥주홀 도처에 배치되어 있는 것을 보고 자신의 돌격대가 건물을 경비할 테니 경찰은 철수해 달라고 했다. 8시 30분 히틀러는 탁자 위로 뛰어올라 천장을 향해 권총을 발사하고 외쳤다. '민족 혁명이 시작되었습니다.' 하지만 쿠데타는 실패하고 만다.

히틀러는 재판에서 모든 책임을 떠맡고 봉기의 의도를 뚜렷이 표명하고 결연한 태도로 자신의 쿠데타가 정당했음을 떳떳하게 선언했다. 재판은 그의 대중적 인기를 높이는 데 크게 기여했다. 히틀러는 봉기의 유일한 지도자로 부각되었다.

그는 5년 금고형을 선고받았으나 6개월의 형기를 마치면 집행 유예를 기대할 수 있을 정도의 매우 낮은 형량이었으므로 실제로는 9개월 동안 란츠베르크의 감옥에 수감되었다.

히틀러의 집권

히틀러는 두 가지 목표를 세웠다. 첫째는 나치당 안에서 절대적인 통치권을 확보하는 것이고 둘째는 나치당을 독일의 강력한 정치 세력으로 만드는 것이다. 쿠데타는 실패했지만 히틀러는 독일인을 위한 대안은 자신만이 제시할 수 있다고 외쳤다. 그는 독일을 지상 낙원으로 만들 수 있으니 자신을 따르라고 말했고 차츰 나치당은 범독일 정당으로 부상하기 시작했다.

히틀러는 천부적인 선동가 기질을 발휘하여 정치 자금을 통제하는 중공업계의 대자본가들에게 접근했으며, 그들을 이용하여 정부에 대항하는 강력한 우파 노동 조직을 설립했다. 이들은 공산주의의 발흥을 두려워하여 많은 자금을 히틀러에게 지원했는데, 히틀러는 이 정치 자금을 중하층과 실업자의 지지를 얻는 데 이용했다. 나치당은 1930년 9월 14일의 총선에서 600만 표 이상을 득표하면서 독일의 제2당으로 부상했다.

1933년 1월 그는 국민들의 전폭적인 지지하에 독일 수상이 되었다.

히틀러의 생활

히틀러는 술도 담배도 하지 않는 금욕 생활을 했고 채식주의자였으며 개인 생활은 검소했다. 오랫동안 결혼도 하지 않았다. 히틀러의 일상생활은 색다른 데가 있었다. 그는 매일 한낮이 될 때까지 침대에 누운 채 조간신문을 훑어본 후 직무를 시작했으며, 이튿날 동틀 무렵에 잠자리에 들었다. 사치나 여성 편력 또는 미식가로서의 기질은 전혀 없었다.

히틀러가 현대에 태어났다면?

히틀러와 연관된 인물은 반 고흐이다. 반 고흐는 미술에 소질이 있었으나 살아생전에 빛을 보지 못하는 비극적인 삶을 살았다. 히틀러 역시 미술에 소질이 있었으나 제대로 된 교육을 받지 못해 정치에 뛰어들게 된다. 히틀러가 미술에서 적절한 교육을 받았더라면 그도 뛰어난 미술가의 한 명으로 역사에 이름을 남겼을지도 모른다. 고흐 역시 적절한 교육을 받지 못해, 인정받지 못하고 힘겨운 삶을 살아 결국 정신 병원에 입원하는 신세가 된다. 히틀러나 반 고흐 모두 권총으로 자살했다는 점에서 예술적 기질은 사회적으로 큰 빛을 보게 할 수도 있지만, 자기를 파멸시키는 위험한 역할을 한다는 것을 알 수가 있다.

히틀러의 매력을 훔치다

히틀러는 역사상 악인 중의 악인이다. 유대인 학살, 세계 2차 대전을 일으키는 등의 인류 역사상 중범죄를 저질렀다. 그에게서 배울 점을 찾아보는 것은 역시 힘든 일이었다. 그에게서 무엇을 배울 수 있다는 것인가. 나는 그의 행동력과 예술성을 눈여겨 보았다. 또한 그의 연설 역시 수준급 이상이라는 것을 알게 되었다. 인류 역사상 이만한 장점을 갖고 있는 사람 역시 드물다. 행동력이 모자란 사람이나 예술성이 부족한 사람, 화술이 부족한 사람은 그에게서 배울 점이 있다. 그는 수준급의 재능을 지녔기 때문이다. 또한 그의 사생활은 깨끗했다. 금욕주의자였으며, 사

악인의 매력을 훔쳐라

치와는 거리가 먼 검소한 생활을 했다. 그는 프로이트가 말하는 초자아가 높았던 인물인 것 같다. 자기 절제를 잘했으며, 자신의 이상을 위해 날마다 힘썼다.

무엇보다도 히틀러는 열정이 있었다. 나는 그 점을 말하고 싶다. 미술 학교에 진학하는 데 실패했지만, 무력하게 잠만 자거나 시간을 보내며 살지 않았다. 그는 정치에 대한 새로운 열정으로 타올랐다. 많은 현대인들이 무기력에 빠진 일상을 보내고 있다. 그들에게 필요한 것은 바로 열정이다. 물론 히틀러처럼 빗나간 열정은 더 큰 문제를 일으킨다. 올바른 방향과 열정이 만났을 때 인생의 잠재력을 꽃피우는 계기가 될 수 있다.

히틀러와 한 핏줄 악행을 저지르다 - 폴 포트

폴 포트가 집권하는 동안 가장 크게 비난받은 것은 인종 청소를 자행했던 부분이다. 폴 포트는 남부 캄보디아에서 발원한 크메르족만이 순수한 민족이라고 생각했으므로 크메르족에 의한 캄보디아 건설을 이상으로 삼았다.

당연히 캄보디아에 거주하고 있던 소수 민족 중 대부분을 차지했던 중국인들에게 불똥이 떨어졌다. 학자들은 크메르루주가 캄보디아에 살고 있던 중국인의 절반 이상을 학살했다고 추정한다. 비록 인원은 적지만 중국인 못지않게 피해를 본 민족은 베트남인들이었다.

루 살로메

Lou Andreas - Salomé

마성을 지니다

그녀는 문학적 재능이 있었다. 하지만 그녀를 더 유명하게 만든 것은 여러 천재들과의 로맨스이다.

그녀를 사랑한 남성들 대부분은 파멸의 길을 걸으며, 자살하거나 절망 속에서 죽음을 맞이했다. 다행히 죽음을 모면한 남성들도 일생 동안 그녀의 그림자에서 벗어날 수 없었다. 그녀를 잃은 뒤 그녀를 잊지 못해 평생 결혼하지 않은 사람도 있고, 다른 여자와의 결혼을 앞두고 자살한 사람도 있다. 미녀 살로메에게는 무언가 마성 같은 것이 있었다.

니체를 정신병자로 만들다

1882년 여름, 루는 니체의 초대로 그의 별장에서 한 달간 머물렀다. 니체는 루와 가까운 숲을 산책하면서 여러 가지 주제로 대화를 나누었다. 그는 흥분에 취해 자신의 모든 혼을 루 앞에

악인의 매력을 훔쳐라

펼쳐 보였다. 그리고 자신의 말을 이해하고 거기에 공감해 주는 한 여성을 발견한 것에 매우 감동했다.

니체는 이때 루가 결혼할 생각도 없이 자신과 함께 한 달간이나 지내지는 않았으리라고 생각해 희망을 품고 있었다. 명문가의 딸이라면 결혼할 생각도 없는 남자와 함께 산다는 것은 생각할 수도 없는 일이었다.

하지만 루는 남들이 감히 하지 못하는 일을 자신은 할 수 있다는 사실을 통쾌하게 여겼다. 그것을 세상 윤리에 저항하는 것이라고 믿고 있었기 때문이다.

이미 루는 니체의 집요함에 싫증을 느끼고 있었다. 루는 베를린으로 돌아왔다. 그녀는 니체와의 관계는 이것으로 끝났다고 생각했다.

어느 날 니체 앞으로 루와 다른 남자가 동거를 시작했다는 소식이 도착한다. 니체는 절망의 수렁으로 빠져버렸다. 그는 심한 말로 루를 질책하며 '나에게 돌아오지 않으면 나는 파멸이다'라는 내용의 편지를 계속해서 써댄다.

루가 답장을 보내지 않자, 이번에는 '만일 당신이 나를 버린다면 당신의 문란한 생활을 세상에 폭로하겠소'라고 협박했다. 그 결과 루에 대한 소문이 유럽 전역에 퍼져 완전히 수치스러운 악녀라는 이미지가 형성되었지만, 정작 루 자신은 끄떡도 하지 않았다. 그녀는 니체에게 그다지 애정을 갖지 않았고, 단지 그의 철학자로서의 뛰어난 재능에 매료되어 그것에 경의를 표했을 뿐이었다. 니체는 혼자서 오해하고 있었던 것이다.

니체는 루에게서 버림받은 고통 속에서 1883년 2월 《차라투스트라는 이렇게 말했다》의 제1부를 10일 만에 완성한다. 《차라투스트라는 이렇게 말했다》에서 말하는 초인 사상은 모두 루와의 관계를 통해 배운 것이다.

전에 자신을 루에게 조종당하는 말에 비유했던 니체는 이 책에서 '여자에게 다가갈 때는 답을 가지고 가는 것을 잊지 마라'라고 말하며 루에 대한 극심한 미움을 토로하고 있다.

그 후 1889년, 니체는 결국 정신 이상 증세를 보이게 된다. 그는 자신의 명성이 높아지고 있다는 사실도 모른 채, 10년 동안 광기 속에서 살았다. 오히려 니체의 명성 덕을 본 것은 루였다. 니체의 연인이었다는 사실로 인해 그녀의 저서가 불티나게 팔렸기 때문이었다. 니체는 운명의 여인 루 살로메의 최초의 희생자였다고 할 수 있을 것이다.

루 살로메의 매력을 훔쳐라

그녀에게는 이성을 사로잡는 매력이 있었다. 그 매력으로 그녀는 자신의 재능을 넘어서 유명해질 수 있었다. 그 매력은 타고난 것일까. 그것은 타고난 것일 수도 있고 길러진 것일 수도 있을 것이다. 그녀의 문학적 재능을 생각해 보자. 그녀는 이미 인간을 이해하고 있었을지 모른다. 따라서 그녀는 인간을 끌어당기는 힘을 지닐 수 있었을 것이다. 인간 사회를 이해하려면 문학에 능해야 한다는 말이 있다. 오늘부터라도 문학에 관심을 두는 것은 어떨까? 인간 사회에 대한 이해를 높일 뿐 아니라 이성을 사로잡는 강력한 매력을 지닐지도 모르기 때문이다.

많은 이들이 사랑을 얻는 데 실패하여 눈물 흘리고 있다. 이들에게 모두 루 살로메와 같은 매력이 있었다면 얼마나 좋았을까. 하지만 현실적으로 이성을 사로잡는 매력을 지닌 자들은 드물다. 루 살로메는 이성을 사로잡는 매력은 있었으나 상대를 절망케 하는 악인이었다.

우리에게 필요한 것은 이성을 마음대로 조종할 수 있는 매력이 아니라 아름다운 사랑을 가꾸어 갈 수 있는 능력이다. 이성을 사로잡되 그 사람을 생각할 수 있는 힘이 필요한 것이다. 루 살로메는 상대를 사랑의 포로로 만들어버리는 능력을 지니고 있었다. 상대방을 포로로 만들되 내버리지 않는 마음을 지녔다면 루 살로메의 이름은 더욱 빛났을 것이다.

무솔리니
Mussolini

혁명가가 된 악동

베니토 무솔리니는 1883년 7월 29일에 이탈리아 북동부 로마냐의 프레다피오에서 태어났다. 아버지 알레산드로는 대장장이이며 미하일 바쿠닌의 무정부주의와 사회주의에 심취한 사람이었다. 그래서 맏아들의 이름도 멕시코의 혁명가 베니토 후아레스를 따라 베니토라고 지었다. 반면 어머니 로사는 신앙심이 독실한 초등학교 교사였다. 어린 베니토는 아버지의 대장간에 놀러가서 혁명가들의 영웅담을 듣는가 하면, 집에서는 어머니의 무릎에 앉아 성경 이야기를 들으며 자랐다.

학교에 다니기 시작한 베니토는 사고뭉치였다. 툭하면 친구들과 싸웠고 선생에게도 대들기 일쑤였다. 하지만 머리가 나쁘지는 않았으며, 공부를 해야 하겠다고 마음먹으면 집중할 줄도 알아서, 사범학교를 나와 몇 달 동안 초등학교 교사 일을 했으며 독

악인의 매력을 훔쳐라

학으로 중등학교 교사 자격증도 땄다. 그러나 어머니가 바라던 길로 가는가 싶었던 베니토의 선택은 결국 아버지의 가르침을 따른 혁명가 쪽이었다.

강연에 타고난 재능을 지니다

그는 스물한 살이던 1902년에 스위스로 갔는데, 병역 기피 때문이라고도 하고, 무작정 새로운 땅을 찾아 떠난 것이라고도 한다. 아무튼, 그곳에서 사회주의자들과 만나 친분을 쌓았고, 사회주의 신문에 글을 쓰고 대중 강연도 할 기회를 얻었다. 그쪽에서 타고난 재능을 보인 무솔리니는 사회주의 청년 혁명가로 점점 명성을 쌓게 된다. 그는 글에서나 연설에서나 단순 과격한 주장을 내세웠으며, 복잡한 이론보다 감정을 흔드는 말솜씨와 제스처로 대중의 환호를 이끌어냈다.

1904년에는 이탈리아에서 병역 기피자에 대한 사면 조처를 하자 귀국하여 입대했다. 2년 뒤 제대해서는 사회주의 운동을 재개했는데, 1911년 이탈리아가 쇠퇴하고 있던 오스만튀르크로부터 리비아를 빼앗으려는 전쟁에 들어가자 격렬한 반전 운동을 벌이다 5개월 동안 투옥됨으로써 전국적인 명성을 얻었다. 이듬해에는 사회당의 기관지인 〈아반티〉지의 편집장을 맡아 2년 만에 부수를 10배나 늘리는 성과를 보였다. 그의 자극적인 대중 선동 글이 먹혀들었던 것이다.

사람을 모으다

미국의 재벌 J. P. 모건까지 무솔리니의 비밀 후원자 대열에 동참했다. 미래주의 예술가 마리네티 같은 지식인부터 퇴역 군인들, 그리고 단지 마음껏 날뛰기를 원하는 불량 청소년까지 속속 파시즘의 깃발 아래 모여들었다. 무솔리니의 천재적인 선동 연설이 큰 힘을 발휘했음은 물론이다. 현역 경찰이나 군인 중에도 파시스트가 늘어감에 따라 테러 진압도 어려워졌다.

파시즘 국가가 탄생하다

사실 실패할 뻔했다. 여러 길목을 따라 행진하던 파시스트들은 경찰의 저지로 대부분 발이 묶였고, 로마 외곽까지 도달한 인원은 9천 명 남짓했다. 여기에 계엄령을 내리고 군대를 동원하면 무솔리니의 꿈은 허망하게 끝났을 것이다. 그러나 국왕 비토리오 에마누엘레 3세는 계엄령을 승인해 달라는 파크타 수상의 요청을 거부했다. 왕이 그렇게 한 까닭은 확실하지 않으나, 군 내부에 숨은 파시스트가 많으므로 자칫하면 내전 상황이 벌어질 수 있음을 우려했기 때문이라는 설이 있다. 파시스트들이 로마에 입성하고, 국왕이 수상직을 제의하자 무솔리니는 밀라노에서 침대차를 타고 단숨에 달려왔다. 그리고 10월 30일, 무솔리니 내각이 출범했다. 세계 최초의 파시즘 국가가 이탈리아에서 탄생한 것이다.

악인의 매력을 훔쳐라

범죄자를 기용하다

무솔리니는 정권을 잡은 직후 의회를 위협해서 법률을 독자적으로 개정할 권한을 가짐으로써 '일 두체(Il Duce, 수령)'가 되었다. 이듬해에는 "선거 결과 가장 많이 득표한 정당이 의석의 3분의 2를 차지한다"는 선거법을 만들어 파시스트당이 영구 집권할 토대를 마련했다. 군대와 경찰 간부는 파시스트들로 채워졌으며, 집권 이전과 마찬가지로 파시스트 행동대가 날뛰며 정권에 비판적인 언론이나 사회주의자들을 습격했는데 복역 중이던 흉악범들 중에서 행동대 분대장들을 특채했다. 무솔리니는 "사납고 잔인한 자들이 좋다. …불굴의 기백을 가진 자들. 범죄자들 중에 쓸 만한 자들이 많다"고 말했다. 1924년 5월에 행동대가 정권의 비리를 고발한 사회당의 마테오티를 암살하자 맹렬한 반정부 운동이 벌어졌는데, 무솔리니는 언론을 검열하고 사회주의자들을 무차별 검거함으로써 대응했다. 또한, 1927년까지 지방자치제를 없애며 파시스트당 외의 모든 정당을 폐지하는 일련의 조치로 명실공히 독재 체제를 수립했다.

볼거리를 제공하다

무솔리니의 권력은 화려하고 자극적인 볼거리로 유지되었다. 검은 셔츠, 로마식 경례, 원수 군복 등을 비롯해 청중들의 마음을 사로잡는 특유의 웅변술로, 그는 "로마 제국의 영광을 재현하겠다"고 큰소리쳤다. 그리고 해외 원정으로 그 허풍을 조금이라도 실현하려 했다. 그래서 국제 연맹 탈퇴를 불사하며 에티오피아를 침공하고(1935년), 알바니아도 병합했다.

어릿광대의 최후

무솔리니는 이해관계가 전혀 없는 소련 전선에 병력을 보내라는 히틀러의 요구를 거절하지 못했고, 10만 명의 이탈리아인이 얼어붙은 땅에서 쓰러져갔다.

이렇게 되자 "공연히 히틀러의 전쟁에 말려들어, 막강한 미국, 영국, 소련과 적이 되면서 실리는 전혀 챙기지 못하고 있다"는 불만이 높아져 갔다. 화려한 쇼도 하루 이틀이지, '일 두체'의 황제 놀음과 호언장담도 점점 식상해지고 있었다. 1943년, "비밀 병기로 적들을 끝장낼 테니 두고 보라"는 무솔리니의 말을 비웃듯 시칠리아에 연합군이 상륙하고 로마에 폭탄이 떨어지자, 결국 파시스트 중에서도 배반자가 나왔다. 1943년 7월 24일, 파시스트 평의회에서 측근이던 디노 그란디와 사위인 치아노 등이 앞장서서 무솔리니를 당수에서 끌어내렸다. 그다음 날에는 비토리오 에마누엘레 왕이 그를 수상에서 해임했다. 그리고 그를 체포하여 은밀한 곳에 가둬 버렸다.

패배하다

그리고 1945년 4월, 추축국의 패배는 가까워졌다. 연합군과 남부 이탈리아의 유격대는 힘을 합쳐 북진했다. 무솔리니는 스위스로 넘어가 다시 비행기를 타고 스페인으로 탈출하기로 했다. 그러나 알프스 산맥의 고빗길에서 유격대에게 잡히고 말았다. 그들은 메제그라라는 마을에서 무솔리니를 처형했다. 전하는 말로는 유격대 대장이 권총을 겨누자 무솔리니는 "여기, 가슴을 쏴!"라고 외치며 코트를 열어젖혔고, 페타치가 그를 몸으로 막았다고 한다. 두 사람의 시체는 밀라노로 보내져, 로레타 광장에 거꾸로 매달렸다.

히틀러와의 차이점

무솔리니는 파시즘 국가를 처음 세웠지만, 오늘날 파시즘이라고 하면 그보다는 히틀러를 먼저 떠올린다. 그가 군국주의를 내세웠지만 세계 대전에는 소극적이었고, 인종 청소를 부르짖거나 대량 학살을 벌이지도 않았기 때문이리라. 사실 그는 현대적인 독재자보다 고대의 폭군에 가까웠다. 로마 황제처럼 그도 개인숭배와 화려한 볼거리로 계급 분열이나 지역 갈등을 무마시키며 군림했다. 하지만 로마와는 달리 그의 군대는 허약했고, 훨씬 강한 국가들에게 둘러싸여 있었다. 히틀러가 현대사를 뒤흔든 대악당이라면, 무솔리니는 어릿광대에 더 가까웠다.

무솔리니의 매력을 훔치다

무솔리니를 히틀러와 손잡은 사람 정도로 알고 있는 사람이 많다. 실제로 그는 히틀러보다는 선인에 가까웠다. 그는 타고난 웅변술을 파시즘 국가를 세우는 데 이용했다. 또 그의 뛰어난 점은 탁월한 용인술이었다. 그는 사람을 모아서 중용하는 데 훌륭한 능력을 발휘했다. 심지어 범죄자 같은 사람까지 기용하면서 인사에 정점을 찍었다고 볼 수 있다. 그에게도 배울 점은 있다. 그것은 타고난 웅변술과 탁월한 용인술이다. 연설이란 다른 사람 앞에서 자기 주장이나 의견을 피력하는 것이다. 이것은 결코 쉽지 않은 일이다. 많은 사람이 긴장해서 연습 때의 능력을 십분 발휘하지 못한다. 하지만 그는 달랐다. 그는 실전에서 오히려 훨씬 더 능수능란한 연설 능력을 보여 주었다. 사람 쓰는 것 역시 마찬가지이다. 범죄자를 쓰다니 무언가 찜찜하지 않은가. 하지만 그는 달랐다. 그는 범죄자 같은 사람 역시 다른 사람과 마찬가지로 기용했다. 그것이 그를 다르게 했다. 그의 매력은 남달랐다. 그것이 그를 수상의 자리에까지 오르게 했다. 그의 매력이 탐나지 않은가. 오늘부터 그의 장점을 훔쳐 보자. 당신의 삶을 변화시킬 것이다.

비슷한 인물 – 덩샤오핑

덩샤오핑의 경제 정책은 무솔리니의 인재 등용 방법과도 비슷하였다. 그의 경제 정책은 흑묘백묘론이었다. '흑묘백묘 주노서취시호'의 줄임말로, '검은 고양이든 흰 고양이든 쥐만 잘 잡으면 된다.'는 뜻인데, 1970년대 말부터 덩샤오핑이 취한 중국의 경제

악인의 매력을 훔쳐라

정책을 말한다. 중국의 개혁과 개방을 이끈 덩샤오핑이 1979년 미국을 방문하고 돌아오면서 '자본주의든 공산주의든 상관없이 중국 인민을 잘살게 하면 그것이 제일'이라는 의미로 한 말이다. 이 개념은 1980년대 중국식 시장 경제를 대표하는 용어로 자리 잡았다. 덩샤오핑의 이러한 개혁·개방 정책에 힘입어 중국은 비약적인 경제 발전을 거듭하여 세계에서 유례가 없는 중국식 사회주의를 탄생시켰다.

네로 황제
Emperor Nero

예술적 감각을 살아 숨 쉬게 하라

노래를 잘 부르는 네로는 극장 무대에 직접 출연하여 노래를 부르기도 했는데, 학자들이 네로가 지은 시를 두고 황제가 아니었다면 유명한 시인이 되었을 것이라는 데 동의할 정도로 상당한 예술적 자질이 있었다고 한다.

네로는 예술적 자질을 한 차원 높이기 위해 각 부분 콘테스트를 공개적으로 열었다. 집정관들이 배석한 가운데 노래, 악기 연주, 창작, 웅변술 등의 기량을 겨루는 것이었다. 이것은 그리스의 전형적인 오락이자 세련된 예술로서 로마인들의 거친 기질과는 사뭇 다른 것이었다. 네로 축제라고도 불리는 이 행사는 5년마다 한 번씩 열릴 예정이었다.

사람들에게 볼거리를 제공하라

네로의 인기는 사그라지지 않았는데, 이유는 그가 로마인들이 원하는 것이 무엇인지 알았기 때문이다.

풍요로운 로마에 필요한 것은 볼거리와 오락이었고 네로는 호화로운 전차 경주와 검투를 자주 열었다. 로마인들이 네로를 특히 좋아했던 것은 공연이 끝나고 네로가 경주장을 빠져나가는 동안 의전관들이 마차를 몰고 지나가면서 물건들을 관중을 향해 뿌리는 이벤트를 자주 열었기 때문이다. 그들이 뿌리는 물건 중에는 각종 장신구와 고급 옷들이 포함되었고 두루마리 문서도 많았다. 문서 중에는 노예나 배 한 척과 교환할 수 있을 정도의 엄청난 가치가 있는 것도 적잖았고 덕분에 가난한 실업자들이 극장을 나설 때는 부자가 되어 있는 경우도 많았다. 네로의 인기가 천정부지로 치솟은 이유이기도 하다.

네로 황제는 화재를 기독교도 탓으로 돌린다

64년 7월의 어느 더운 밤, 로마의 키르쿠스 막시무스 근처에 있던 낡아빠진 상가에서 불이 났다. 화염은 빠르게 퍼져 도시 전역을 휩쓸고 9일 동안 맹위를 떨치다가 사그라졌다. 화재에 대한 그 당시의 설명은 존재하지 않으나, 9세 때 이를 목격했던 역사가 타키투스는 뒷날 주민 대부분이 살았던 붐비는 '인슐라이(아파트 단지)'를 포함해 '영원한 도시'의 3분의 2가 파괴되었다고 서술했다.

로마의 10개 구역이 황폐해졌고, 200만의 인구 대부분이 집을 잃었다. 오래된 유피테르 스타토르 신전과 베스타 여신의 신녀들이 지키는 화덕이 있는 아트리움 베스타이 역시 파괴되었다. 과대망상과 잔혹함으로 좋지 않은 평판이 높았던 네로 황제는 구경하기 좋은 높은 곳에서 화재를 미적인 드라마처럼 즐기고 화염에 맞춰 리라를 켜며 불꽃을 바라보았다고 한다.

네로가 현대에 태어났다면?

네로가 현대에 태어났다면 양현석과 같은 음반 제작자가 되었을지도 모를 일이다. 사람이 어떤 것을 원하는지 알고 볼거리를 제공하는 능력이 탁월했기 때문이다. 빅뱅, 2ne1, 싸이, 세븐 등은 모두 양현석 소속사의 가수들이고, 이들은 굉장한 대중적 인기를 끌었다. 특히나 싸이는 빌보드 차트 2위와 엄청난 숫자의 유튜브 시청 기록을 보였다. 이들의 성공을 기획한 사람은 바로 양현석이었다. 양현석은 무대에 올라갔을 때, 대중 앞에 섰을 때만큼은 못되지라고 주문한다. 이는 대중 앞에서는 단순히 착해서만은 안 된다는 것을 보여 준다. 가수가 악에 가까운 강렬한 카리스마를 가질 때 대중은 그를 보고 열광한다는 것이다.

아니면 가장 자극적이고 감각적인 액션 활극으로 불리는 드라마인 〈스파르타쿠스〉를 제작한 스티븐 디나이트와 로버트 태퍼트와 같이 되었을지도 모른다.

스파르타쿠스는 결투와 섹스의 반복이다. 잔인하고 선정적인 장면을 앞에 내세운다. 싸우고 죽이고 섹스하는 영상일 뿐이지만, 대중은 그 단순한 선정성과 폭력성에 열광한다. 옛날 네로 시대에도 마찬가지였다. 대중은 잔인하고 선정적인 것에 열광했다. 네로의 재능은 군중 심리를 알고 지배할 줄 알았다는 데 있었다.

네로의 몰락

네로는 죽을 때 다음과 같이 말한다.

"나 같은 예술가가 죽다니 정말 유감스러운 일이군."

네로의 자기 개념은 어디까지나 예술가였다. 그리고 죽을 때도 예술가로서 죽기를 원했다. 김동인의 단편 〈광염 소나타〉에는 광기 어린 예술가가 나온다. 방화, 시간을 할 때 예술적 감흥을 느끼는 예술가를 허용해야 하는가에 대한 논쟁이 실려 있다. 네로는 김동인의 〈광염 소나타〉에 나오는 주인공과 흡사하다. 그 예술적 재능을 인정해야 하는가 아니면 응징해야 하는 가에 대한 논란이 있을 수 있다. 역사는 네로의 양면적 모습을 모두 기록하고 있고 판단은 우리들 몫이다.

악인의 매력을 훔쳐라

네로의 매력을 훔쳐라

네로는 미친 황제로까지 불릴 정도로 평판이 그리 좋지 않은 황제이다. 이런 황제에게서 장점을 찾아내겠다는 것은 무리인 것 같다. 하지만 네로 황제에게도 장점이 있다. 그것은 바로 예술에 대한 사랑과 사람들에게 볼거리를 제공했다는 점이다. 그것은 예술인에게 꼭 필요한 감성이라고 생각된다. 예술을 사랑하는 마음은 모든 예술인에게 꼭 필요한 것이기 때문이다. 또한 사람들에게 볼거리를 제공했다는 점은 그의 정치력의 일면을 알게 하는 점이었다. 사람들에게 인기를 끌었다는 점은 그의 장점 중 하나로 우리가 훔쳐야 할 면이라고 할 수 있다.

무측천
Mucheukcheon

황태자를 사로잡다

태종의 1주기가 되자 고종은 성대한 제전 의식을 거행하고 감업사로 와서 분향하고 절을 올렸다. 의식이 끝난 뒤 고종은 무측천을 만났는데 이 순간을 절호의 찬스라고 생각한 무측천은 여성의 비기를 선보였다. 바로 눈물이었다. 그녀의 눈물은 고종의 마음을 사로잡았고 이후 고종은 자주 감업사에 와서 무측천을 만났다. 무측천은 고종이 옛정을 잊지 않고 자신을 찾아오는 것에 감격했고 보다 확실하게 그의 마음을 빼앗는 데 열중했다. 고종도 무측천을 자신의 비빈으로 간주했고 무측천을 감업사에서 빼내겠다고 약속했다. 문제는 무측천이 비구니라는 점이었다. 아무리 황제지만 어떤 명분 없이 비구니를 황궁으로 데려올 수는 없는 일이었다.

고종이 감업사에 들르는 일이 점점 뜸해지자 무측천은 초조하지 않을 수 없었다. 쇠뿔을 단김에 뽑지 않으면 어떤 미인이 고종의 총애를 받을지 모를 일었다. 무측천은 고종이 감업사로 자주 오지 않자 직접 다음과 같은 시를 적어서 고종에게 전했다.

오색을 분별할 수 없을 정도로
눈앞이 아물아물 할 정도로 그리움은 멈추지 않으며
몰골이 초췌해지도록 임을 그리며
요사이 많은 시간을 눈물로 보냅니다.
믿지 못하신다면 상자를 열어
붉은 치마를 꺼내 보세요

대부분 무측천과 고종과의 불륜 관계가 무측천의 미모에 반한 고종의 의지 때문이라고 설명하지만, 앞의 시를 볼 때 무측천도 적극적으로 고종에게 접근했음을 알 수 있다.

권력 싸움에 승리하다

무측천의 생애는 그야말로 화려하다. 그녀는 두 번 황궁에 들어가 28년 동안 황후로, 6년 동안 태후로 15년 동안 황제로 있었다. 그녀가 정치에 참여하고 대권을 장악하여 중국 천하를 통치한 기간은 40여 년에 이른다. 그녀가 유일하게 여성 황제가 될 수 있었던 요인은 무엇일까? 탁월한 미모와 자질을 거론하지 않을 수 없지만, 그것만으로는 황제가 될 수 없었다. 더욱 결정적인 요인이 있었다는 이야기이다.

무측천이 황제가 되려는 생각을 언제부터 했는지 알려주는 역사적 기록은 없지만, 예종 대신 국정을 보면서 그녀에게 성모신황이란 존호를 제시하자 흔쾌히 받아들였다는 것을 보아 이미 이때부터 그녀의 목표는 황제 등극이었음을 알 수 있다.

그러나 무측천은 곧바로 자신의 계획을 실천에 옮기지 않았다. 그녀는 중국 최초의 여성 황제가 되기 위해서는 여건 조성이 급선무라고 생각했다. 그녀가 구사한 방법은 그야말로 어느 누구도 상상하지 못한 이율배반적인 방법이었다. 우선 그녀는 여러 혁신적인 정책들을 반포하여 세상이 자신에게 유리하도록 조성했다. 과거 제도를 개혁하여 인재를 발탁했으며 능력이 있는 사람은 자천토록 했다. 언로를 넓혀 등문고를 설치하여 억울한 사람들이 신고토록 하는 것은 물론 자신이 직접 '신궤'라는 책을 집필했다. 신궤는 한마디로 관리들은 덕과 재능을 겸비하고 군주에 충성하고 백성을 사랑하면서 사명감으로 직무에 충실하라는 것이었다.

반면 그녀는 자신의 권력을 더욱 공고히 하기 위해 중국 역사상 가장 악명 높은 혹리들을 조장하는 데 앞장섰다. 혹리는 잔인하고 포학하며 형벌을 남용하는 관리를 말했다.

그녀는 반란이 진압되자 모든 방법을 동원해 반란에 동조한 사람들과 추후 반란 가능성 있는 정적들을 모두 제거했다.

미모와 문예를 갖추다

그녀는 남총들에게 둘러싸여 있으면서도 어려운 국정을 직접 챙겼고 틈틈이 저술을 하고 시를 지었으며 글씨도 썼다. 그녀의 시문집은 무려 100여 권이나 되는데 중국이 시원량은 그녀의 문장술이 당대의 어느 작가와 견주어도 탁월한 수준이라고 평하기도 했다.

무측천은 80세의 고령에도 여전히 젊은 시절의 용모를 유지했다고 전해지고 있다. 신당서는 그녀를 일러 나이가 많이 들어서도 자신을 잘 가꾸어 측근들조차 그녀가 노쇠했다는 것을 눈치 채지 못했다고 적었다. 무측천이 사용한 미용 비방은 당대 관청에서 편찬한 약전인 신수본초에 수록되기도 했다.

악인의 매력을 훔쳐라

무측천이 현대에 태어난다면

　무측천이 현대에 태어난다면 뛰어난 미모와 문예적인 재능을 살려 연기자가 되었을지도 모른다. 사극 전문 배우가 되어 궁중 암투를 실감 나게 그렸을지도 모른다. 〈여인천하〉에서 연기력을 보여준 전인화 같은 배우가 되었을지도 모를 일이다. 혹은 사람의 감정을 파악하고 지배하는 능력이 뛰어나 전혜린 같은 뛰어난 여류 작가가 되었을 수도 있다. 전혜린은 출중한 문학적 재능과 감수성으로 짧은 생애 동안 천재성을 발휘하다 요절한다. 또한 권력을 향한 열망이 그 누구보다 강했기에 여성 정치가가 되었을지도 모른다. 하지만 역사의 기록자들은 그녀의 능력보다는 악명을 더 많이 기록하였다.

무측천의 매력을 훔쳐라

　무측천은 악녀다. 그것은 혹리를 조장했다는 데서 알 수 있다. 그녀는 또한 반란 세력을 완전히 제거하는 데 수단과 방법을 가리지 않았다. 이러한 악함에 비해서 그녀의 장점은 뛰어난 정치력과 미모와 탁월한 문예였다. 그것은 황태자를 사로잡는 데 이미 사용된 바 있다. 그녀는 뛰어난 정치력과 미모와 문예를 이용해 황제의 자리를 오래도록 지켰다. 높은 자리에 오르고자 하는 사람이라면 그녀의 장점을 훔치고 싶을 것이다. 그녀의 매력을 조금 훔쳐 보도록 하자. 당신의 답답한 현실에도 날개가 솟아남을 느낄 수 있을 것이다.

뇌제 이반 4세

N o e j e I v a n IV

부강한 나라를 만든다

전에 내가 그대들에게 보였던 난폭한 행동들을 모두 잊어 주시
오. 다 어린 시절 좋지 않았던 환경 때문에 일어난 일이오. 앞으
로 부강한 러시아를 만들기 위해 최선을 다하겠소.

이와 같이 말한 이반 4세는 내부 체제를 정비하여 당시 흩어져
있던 권력을 중앙으로 모으는 데 온 힘을 기울였다.

러시아는 볼가 강 전역은 물론, 카스피 해까지 영토를 넓히게
되었다. 이는 당시 소국에 불과했던 러시아가 동유럽 최강국으
로 떠오르는 계기가 된 역사적인 사건이었다.

행정 개혁에 앞장서다

개인적으로 악행을 일삼았지만, 이반이 취한 행정 조치 중에
는 러시아를 강국으로 만드는 법령도 포함되어 있었다. 이반은
자문 기구의 의장인 아다셰프에게 재판을 공정하게 할 수 있는

악인의 매력을 훔쳐라

특별 기구를 설치하게 하고 새로운 법령을 공포하게 했다. 이 법령에 의하면 유사시 또는 전쟁이 발발했을 때, 보야르들은 자신이 거느리는 병사를 반드시 출정시켜야 했다.

가장 혁신적인 조치는 지방 행정 기구의 획기적인 개선으로 주민들의 세금으로 생활비를 받던 지방 관리에게 국가가 봉급을 주도록 하여 공무원들에 의한 중앙 집권적인 체계를 더욱 공고히 한 점이다.

러시아를 제국으로 부상시키다

수많은 악행을 저질렀지만, 이반 4세는 러시아가 결국 세계 속의 강국으로 발돋움하도록 하였다. 이것은 러시아만이 갖고 있는 특이한 제도를 그가 적절히 이용했기 때문이었다.

이반은 오랜 재위 기간 동안 교묘한 술책과 공포 정치로 러시아를 신음에 떨게 했지만, 한편으로 영토 확장에도 힘을 기울여 성과를 얻었다. 그는 종국적으로 아스트라한을 정복하여 러시아의 국경을 동남쪽으로는 카스피 해까지, 동북쪽으로는 시베리아까지 확장했다.

이반의 좌절

1560년 아나스타샤가 죽자 폴란드 왕의 여동생에게 청혼했다. 폴란드가 그의 청혼을 일거에 거절하자 그는 자신의 의지를 관철하기 위해 발트 해에 있는 리보니아와 오랜 소모전에 돌입했지만 진출에 성공하지는 못했다.

이반은 발트 해를 통하지 않고 직접적으로 서유럽에 진출하기 위해 또 다른 방법을 추진했다. 영국과의 관계를 강화하기 위해 엘리자베스 여왕을 통해 여왕의 사촌인 메리 헤이스팅스 부인에게 청혼했다. 이반이 일곱 번째 부인과 결혼한 지 얼마 되지 않았을 때였다. 메리는 여왕에게 그런 결혼은 하고 싶지 않다고 말했고 결국 그녀의 뜻은 이루어졌다. 이반이 죽었기 때문이다. 이반에게도 자신의 의지대로 이루어지지 않는 일이 있었던 것이다.

잔인한 이반 뇌제

정신적 이상 행동으로 극단적인 공포 정치를 펴 시민들을 두려움에 떨게 하였으며, 결국 그는 자기 아들까지 쇠꼬챙이로 죽이는 우를 범하게 된다.

그가 보여준 잔인성과 난폭함은 노보그라드 지역에서 반역의 기운이 감돈다는 이유만으로 무고한 주민 수만여 명을 닥치는 대로 학살한 사건에서 여실히 엿볼 수 있다. 그는 당시 주민들을 무참히 학살한 후 그 책임을 다른 사람에게 돌려버리는 야만적인 행동을 스스럼없이 보이며 뇌제로서의 이름을 떨쳤다.

아내의 사랑이 영웅을 만들다

그 이듬해 이반 4세는 오랜 역사를 가진 안드레이 코빌라코슈킨 가문의 아나스타샤 자하리나 유레바를 왕비로 맞이한다. 이

후로 그는 진정으로 아나스타샤 왕비를 사랑했는지 그녀 앞에
서는 한 마리의 얌전한 양처럼 변했다고 한다. 이런 아내의 영향
때문이었는지 이후 이반 4세는 영웅에 필적할 만한 놀라운 업적
을 후세에 남긴다.

뇌제 이반 4세의 매력을 훔쳐라

뇌제 이반 4세는 폭군이다. 그는 온 나라를 피로 물들었다. 또
한 피를 말리는 공포 정치를 펼쳤다. 그럼에도 불구하고 그에게
도 배울 점은 있다. 그것은 강력한 전제 정치를 하여 나라를 부
강하게 발전시킨 것이다. 그는 행정 개혁에 앞장섰고 러시아를
제국으로 부상시키는 데 성공했다. 당신이 나라의 정치가라면
뇌제 이반의 장점을 배우고 싶을 것이다. 뇌제 이반의 삶 속에서
그에게 얻을 점을 찾아보자. 당신의 몸에도 그의 매력이 흐른다
면 성공은 눈앞에 있을 것이다.

이반이 현대에 태어났다면?

이반이 현대에 태어났다면 떠오르는 인물은 싱가포르를 제일
의 도시 국가로 만든 리콴유이다.

리친쿤과 추아짐니의 큰아들인 리콴유는 싱가포르의 캄퐁 자
바 가의 92번지에 있는 큰 방갈로에서 태어났다. 한 작은 집에서
태어난 그가 어떻게 싱가포르의 지도자가 되었는지 살펴보도록
하자.

변호사가 되다

리콴유는 텔록 쿠라우 초등학교와 래플즈 학교 및 래플즈 대학에서 수학하였다. 제2차 세계 대전 중 1942년부터 1945년간의 일본의 지배로 인해 대학을 다니는 것은 미룬 채 타피오카를 이용해 만든 '스틱파스'라는 접착제를 암거래하며 생계를 유지했다. 1942년부터는 일본어와 중국어 수업을 듣고 동맹군의 전보를 번역하는 일과 일본의 호도부에서 영어 편집인으로 일했다.

전쟁이 끝난 후 영국 런던 정치 경제 대학교와 케임브리지 대학교 소속인 필즈 윌리엄 칼리지에서 법을 전공했다. 그는 1949년에 싱가포르로 돌아와 법률 회사에서 변호사로 일했다.

정치에 뛰어들다

1954년 11월 21일 리콴유는 '맥주 마시는 부르주아들'이라고 그가 지칭하던 영어를 배운 일군의 사람들과 함께 인민행동당을 결성하였다. 이 당은 친공산주의적 무역 노조와 정략적인 연계를 통해 만들어졌는데, 이는 영어를 사용하는 계층은 친공산주의자들의 대대적인 지지가 필요했던 반면, 공산주의자들은 말레이시아 공산당이 불법이었기 때문에 이를 가리기 위한 지도층이 필요했기 때문이었다. 리콴유를 이 정략적 연합을 편리를 위한 결혼이라고 말하기도 했다. 이 두 계층의 공동의 목적은 독자적인 정부를 구성하고 영국 식민 지배를 끝내기 위해 대중을 선동하는 데 있었다. 창당식은 빅토리아 기념홀에서 1,500명의 지

악인의 매력을 훔쳐라

지자와 무역 노조들로 가득 찬 채로 이뤄졌다. 리콴유는 이 당의 사무총장이 되었다.

국무총리가 되다

1959년 7월 1일 열린 선거에서 인민행동당은 51개 의석 중 43개 의석을 차지하였다. 싱가포르는 국방과 외교를 제외한 국내 문제에 관한 자치권을 갖게 되었으며 리콴유는 1959년 7월 3일에 수석장관이었던 림유혹을 대신해 싱가포르 최초의 국무총리가 되었다

리콴유는 영국으로부터 자치권을 획득한 이후 교육, 주거, 실업 등 많은 문제에 부딪히게 된다. 리콴유는 주거 문제를 해결하기 위해 대규모 주택 건설을 위한 주거 및 개발 위원회를 세웠다.

말레이시아와 합병하다

말라야 연방의 총리 툰쿠 압둘 라만이 1961년에 말라야 연방, 싱가포르, 사바, 사라왁 간의 연방을 제안했을 때, 리콴유는 말레이시아와 합병하고 영국의 식민지 통치를 끝내기 위한 사전 작업을 시작했다. 리콴유는 70%가 투표에 찬성한 1962년 9월 1일에 열린 국민 투표 결과를 이용해 국민들이 자신의 계획을 지지한다고 이야기했다.

1963년 9월 16일, 싱가포르는 말레이시아 연방의 일원이 되었다. 하지만 이 연방은 오래가지 못했다. 말레이연합 국가 조직은 싱가포르에 있는 다수의 화교가 말레이시아에 통합되어 인민행동당이 영향력을 갖게 되는 것을 걱정했다. 리콴유는 말레이계를 우대하는 부미푸트라 정책에 반대했고, 이를 주장하기 위해 말레이시아 연대 회의에서 "말레이시아 사람의 말레이시아!"라는 유명한 구호를 사용했다. 말레이계는 말레이시아의 토착 민족이고, 말레이시아는 다양한 민족이 통합된 나라를 뜻한다.

말레이시아와 분리하다

텔레비전으로 방영된 기자회견에서 리콴유는 분리를 발표하며 감정을 추스르지 못하는 모습을 보였다.

"제게 이 순간은 매우 고통스러운 순간입니다. 제 평생, 제가 성인이 된 뒤에 저는 두 지역의 통합과 합병을 믿어 의심치 않았습니다. … 지금, 저, 리콴유, 싱가포르의 총리는 싱가포르 인민과 싱가포르 정부를 대표해 1965년 8월 9일 오늘부터 싱가포르는 자유와 정의 위에 세워졌으며 인민의 복지와 행복, 평등한 사회를 추구하는 영원토록 주권을 가진 민주 독립 국가가 된 것을 선언합니다."

1965년 8월 9일, 말레이시아 의회는 말레이시아에서 싱가포

악인의 매력을 훔쳐라

르를 한 주로 인정하던 관계를 끊는 결의안을 채택했다. 싱가포르는 천연자원과 수자원이 부족해 이런 자원의 공급을 말레이시아에 의존하고 있었으며, 매우 빈약한 국방 능력을 갖추고 있었기에 싱가포르 정부와 리콴유는 이런 문제를 해결해야 했다.

앓아가며 싱가포르를 생각하다

리콴유는 자신의 자서전에서 독립 이후 제대로 자지 못했고, 며칠 뒤 앓기 시작했다고 말했다. 당시 영국 총리인 해럴드 윌슨이 영국 고등판무관 존 롭으로부터 싱가포르의 현재 상황에 대한 이야기를 전해 듣고 우려를 표시하자 리콴유는 다음과 같이 말했다.

"싱가포르에 대해 걱정하지 마십시오. 내 동료들과 나는 고통의 순간에도 또렷한 정신을 갖고 있는 이성적 사람들입니다. 우리는 이 정치의 장기판에서 한 수를 두기 전에 가능한 모든 결과를 고려할 것입니다…"

리콴유는 싱가포르의 독립을 국제적으로 인정받기 위해 노력했다. 싱가포르는 1965년 9월 21일, 국제 연합에 가입했고, 다른 4개의 동남아시아 국가들과 함께 1967년 8월 8일 동남아시아 국가 연합(ASEAN)을 세웠다. 리콴유는 수카르노 집권 시절 보르네오를 두고 인도네시아와 말레이시아가 전쟁을 벌인 지 몇

년 뒤인 1973년 5월 25일, 처음으로 인도네시아에 공식적으로 방문했다. 이 방문을 통해 싱가포르와 인도네시아 간의 관계가 급격히 발전했다.

싱가포르에서는 말레이어가 다수가 쓰는 언어이긴 했지만, 다양한 이민자들이 함께 공유할 만한 주된 문화를 갖고 있지는 못했다. 정부와 여당의 협력을 통해 리콴유는 1970년대부터 1980년대까지 다문화와 다인종에 바탕을 둔 독특한 싱가포르의 문화를 만들기 위해 노력했다.

부패를 없애다

싱가포르도 다른 나라처럼 정치적 부패에서 자유롭지 못했다. 리콴유는 부패행위조사국을 세우는 법을 통과시켰다. 부패행위조사국은 부패 용의자 및 그의 가족들의 체포와 수색, 증인 소환, 계좌 및 소득세 환급 추적 등의 권한을 갖고 있다.

리콴유는 깨끗하고 정직한 정부를 유지하기 위해서 장관의 소득이 높아야 한다고 생각했다. 1994년에 리콴유는 장관, 판사, 고위 공직자의 연봉을 사기업의 전문직에 버금가는 수준으로 맞추는 안건을 제출하며, 이런 높은 소득이 공공 부문으로 인재를 끌어오는 데에 도움을 줄 것이라고 주장했다.

가족계획을 시행하다

1960년 말, 싱가포르의 인구가 늘어나자 경제 성장에 방해가 될 것을 우려한 리콴유는 '둘만 낳자'는 강력한 가족계획 캠페인을 시작했다. 두 아이를 낳은 부부는 불임 수술을 권고받았다. 셋째 또는 넷째 아이에게는 교육 혜택을 낮추었으며, 이렇게 자식들이 많은 가정은 받을 수 있는 세금 환급도 줄어들었다.

1983년, 리콴유는 싱가포르 남자들이 고학력 여성을 배우자로 맞도록 권고했다. 리콴유는 많은 고학력 여성이 결혼하지 않는 것을 걱정했다. 대졸 이상의 여성을 비롯한 일부 사람들은 그의 관점을 불쾌히 여겼다. 하지만 결혼을 알선하는 사회개발부(Social Development Unit, SDU)가 설립되어 고학력의 남녀가 어울리는 것을 도왔다. 리콴유는 과도하게 성공적이었던 '둘만 낳자' 가족계획 정책을 뒤집기 위해 고학력의 여성이 아이를 셋 또는 넷을 가질 경우 세금 환급, 교육, 주택에 인센티브를 주는 정책을 도입하기도 했다. 1990년 말, 출산율이 극심하게 떨어지자 리콴유의 후임 고촉통 총리는 이 인센티브를 모든 기혼 여성에게 확대하고, '베이비 보너스'와 같은 별도의 인센티브를 주기도 했다.

태형을 실시하다

리콴유는 태형의 효과에 굳은 신념을 가지고 있었다. 자서전에서 그는 1930년대 래플스 학교에서 잦은 지각으로 학생 주임

D. W. 맥레오드 씨에게서 매를 맞았던 것을 묘사했다.

"나는 의자에 엎드려 바지를 입은 채로 세게 세 대를 맞았다. 그가 살살 때린 것 같지는 않다. 나는 서양 교육계에서 왜 매질에 그렇게 부정적인지 이해할 수 없다. 내 친구들이나 나에게는 체벌이 아무런 해를 끼치지 않았다."

리콴유 정부는 영국으로부터 사법적 태형을 물려받았지만, 적용되는 범위를 훨씬 더 넓혔다. 리콴유가 이끄는 인민행동당 정부는 더 많은 종류의 범죄에 대해 태형을 선고할 수 있게 했다. 1993년에는 42개의 범죄에 대해 태형을 의무화했고, 42개에 대해서는 선택적으로 적용했다. 법원에서 태형이 자주 선고되는 범죄는 약물 중독이나 불법 이민 등이 있다. 1987년에는 602번의 태형이 선고되었지만, 1993년에는 3,244번으로 증가했고, 2007년에는 6,404번이나 선고되었다.

1994년에 미국 청소년인 마이클 페이가 기물 파괴법 위반 혐의로 태형을 선고받자, 이 사법적 태형은 전 세계의 이목을 끌었다.

학교 신체형(남학생에게만 해당됨)은 역시 영국에서 물려받은 것이지만, 1957년에 제정된 법에 의해 반항하는 학생들을 다스리기 위한 방법으로 여전히 많이 쓰인다. 리콴유는 싱가포르 국군에도 태형을 도입했고, 싱가포르는 군 규율을 위해 신체형을 사용하는 몇 안 되는 국가 중 하나다.

악인의 매력을 훔쳐라

항해왕 엔히크

전설의 국가를 찾다

학자들은 전설의 국가를 찾으려는 엔히크의 결심이야말로 포르투갈이 유럽의 강국으로 부상하는 동기가 되었음은 물론 나아가 유럽이 세계의 패자로 부상하게 되는 대모험의 시대를 열게 했다고 믿는다.

통찰력으로 항해의 시대를 열다

제일 먼저 엔히크는 사그레스에 탐험을 위한 기지를 건설하기 시작했다. 그가 제일 먼저 손을 댄 것은 조선소와 이에 부수되는 편의 시설 건설이었지만, 천문대와 항해 연구소 건설도 잊지 않았다.

그러나 엔히크가 남다른 통찰력을 갖고 있었던 것은 아무리 좋은 선박을 갖고 있다고 해도 항해의 기본이 되는 학문이나 항해술, 그들이 가고자 하는 지역의 정보를 잘 알지 못하면 원양 항해는 불가능하다고 생각했다는 점이다. 그는 아라비아를 포함한 각지에서 이름 있는 천문학자, 항해자, 선원 등을 초청했다. 당시에 그의 초청에 따라 사그레스에 온 학자들 중 제우다 크레스케스는 카탈로니아 지도와 항해용 도구를 만들었으며 프라에 지디오는 볼로냐의 수학교수로 어려운 계산을 전담했다. 파트리치오 데콘티는 인도까지 여행한 적이 있는 니코로 콘티의 아들로 동방에 대한 많은 지식을 알려주었다.

가장 중요한 것은 아라비아인들로부터 기초적인 원양 항법의 원리를 터득할 수 있었다는 점이다. 원양 항법의 원리란 천체 관측을 통해 배의 위치를 정할 수 있으면 배가 아무리 멀리 항해하더라도 미아가 되지 않는 것이다.

아라비아 학자들은 위도 항법을 제시했다. 명칭 그대로 위도만을 이용하는 항법이다. 예를 들어 인천에서 중국의 톈진 쪽으로 항해한다면, 뱃머리를 곧장 톈진 쪽으로 향하는 것이 아니라 북위 39도 선까지 북상한 다음 그 선을 따라 서쪽으로 항해하여 톈진 쪽으로 가거나 인천에서 먼저 서쪽으로 산둥반도를 향해서 북위 37도와 38도 사이를 향해 항해한 다음 산둥반도에서 해안을 따라 톈진 쪽으로 북상하는 것이다. 포르투갈의 탐험 사업은 사실 위도 항법의 채택에 의해서 가능했다고 볼 수 있다.

엔히크는 25톤급 바르카와 50톤급 바르네르 제작에 전력을 다했다. 바르카는 한 개의 네모진 돛을 단 큰 돛대가 있는 작은

　　　　　　　　　　　악인의 매력을 훔쳐라

배인 데 비해 바르네르는 바르카와 돛의 종류는 같으나 노가 따로 붙어 있는 다소 큰 배이다. 엔히크의 적극적인 지원과 배려로 사그레스가 유럽 전체에서 가장 유명한 학문과 지식의 장소로 알려지자 각국에서 전문가가 몰려들었다. 그들은 원양 항해에 필요한 나침반, 관상의 등 항해에 필요한 용구를 개발하고 새 지도와 해도 제작에도 많은 노력을 기울였다.

신세계를 탐험하다

1419년 엔히크는 드디어 곤살베스 자르쿠와 트리스탕 바즈 테제이라로 하여금 서쪽 바다 탐험을 명목으로 원양 항해의 첫발을 내딛도록 했다. 탐험대는 항해 도중 폭풍우를 만나 표류한 끝에 우연히 포르트상트섬에 도착했다. 이 탐험은 포르투갈이 유럽의 다른 나라보다 빨리 식민지 개척에 들어가는 단초가 되었다.

엔히크의 바다에 대한 열정은 여기에서 그치지 않았다. 그는 아프리카 대륙 너머에 있는 동방 세계까지 항해하는 것이 목표였으므로 탐험대를 계속 파견하였고 보자도르 곶을 지나 푼타갈리아까지 항해하는 데 성공했다.

혁신적인 선박을 제작하다

엔히크가 항해 분야에서 이룬 또 다른 업적은 보다 빠르고 안전한 범선, 즉 세계를 항해할 수 있는 혁신적인 선박을 개발했다는 것이다. 캐러벨이라고 불리는 최신형 배는 50톤급 이상의 범선으로 흘수선 훨씬 위쪽까지 올라오는 갑판, 여러 개의 돛대, 조화롭게 배치한 대형 삼각돛과 가로돛, 많은 화물을 운반할 수 있는 깊은 선체를 갖고 있었다. 캐러벨 선은 바닥이 납작한 화물선의 모양을 본떠 만든 범선으로 몸체 길이만도 30m가 넘고 폭도 최고 12m나 되었다. 후대에 콜럼버스가 아메리카 대륙을 발견할 때 사용한 것도 케러벨 선이다.

1435년 엔히크의 새로운 발명품으로 무장한 캐러벨 선은 조심스레 적도 부근까지 항해했다. 알려진 것과는 달리 적도 부근은 뜨거운 물이 끓고 있는 지옥이 아니었고 땅은 사막이기는커녕 녹음이 우거져 있었다. 적도 이상 먼 바다로 항해할 수 없다고 생각했던 선원들에게 그들이 발견한 새로운 사실은 원양 항해가 생각보다 어렵지 않다는 자신감을 심어 주었다.

원주민을 노예로 삼다

아프리카의 해안가에 정박한 선원들은 식량과 식수를 찾기 위해 육지에 상륙했고 아프리카의 원주민과 조우했다. 원주민들은 생김새와 피부색이 다른 유럽인들을 보고 무서워하며 무릎을 꿇었다. 포르투갈인들은 사슬로 원주민들을 포박하고 기독교식의 세례를 준 다음 승선시켜 노예로 삼았다.

훗날 그들은 포르투갈의 식민지에서 노예로 일하게 되었는데 그들의 무보수 노동 덕분에 농장의 이익을 극대화할 수 있었다.

악인의 매력을 훔쳐라

농장주들은 노예들을 더 많이 데려다 달라고 엔히크에게 요청했다. 물론 노예를 제공하는 대가로 엔히크에게 상당한 대금이 지불되었다. 엔히크는 엄청난 이윤이 남는 노예 매매 시장이 생길 수 있음을 간파했다.

엔히크가 악착같이 원양 항해를 추구한 목적은 식민 사업을 통해 자금을 확보하는 것이었으나 전혀 예상치 못한 분야에서도 자금이 들어올 수 있다는 것을 깨닫자 이를 적극적으로 활용하기로 결정한다.

제국주의가 시작되다

엔히크가 이룩한 항해상의 과학은 유럽의 통치자들에게 유럽은 우월한 문명을 갖고 있으며 열등한 이교도나 야만인들을 유럽의 종교와 정치적 정통성에 순종하도록 개종시켜야 한다는 믿음을 심어 주었다.

엔히크는 신천지의 야만인들에게 기독교를 전파하는 것은 유럽인들의 의무라고 강조했다. 그의 청은 곧바로 허가되었으며 페드로가 보내준 권리서에는 다음과 같은 내용이 들어 있었다.

'국왕에게 돌아오는 이익의 5분의 1을 엔히크에게 주며, 새로 발견한 나라에 항해하는 사람은 반드시 엔히크의 허가를 받아야 한다.'

엔히크는 계속 파견대를 보냈고 1448년에 알바로는 기니아 해

안까지 항해하는 데 성공했다. 1448년까지 엔히크가 파견한 캐러벨 선단은 무려 70척에 달했다.

역사 속 비슷한 인물 – 이순신

엔히크가 벨리선을 만들었다면 이순신은 거북선을 만들었다. 두 배 모두 혁신적이고 소기의 성과를 거두었다는 점에서 공통점이 있으나, 그 목적은 달랐다. 거북선이 왜로부터 나라를 지키기 위해서라면 엔히크의 벨리선은 다른 나라를 지배하기 위한 제국주의에 쓰였다.

거북선은 지붕 혹은 덮개 역할을 하는 개판이 갑판의 윗부분을 덮고 있는 특수한 구조를 가진 군함이다. 그 덕택에 갑판에 근무하는 승조원들과 전투 요원들이 적의 공격에 직접 노출되지 않고 내부에서 안전하게 자신의 임무를 수행할 수 있었다. 일본 군들은 해전에서도 적의 배로 뛰어들어 칼과 창으로 승부를 가리는 것을 선호했다. 조선의 입장에서는 왜군들이 조선의 배로 뛰어들어 단병접전을 시도하지 못하게 막고, 조선의 장기인 활쏘기와 화약 무기 사격으로 적을 제압할 수 있다면 이상적이었다. 그 같은 필요에 따라 기본 갑판 위에 갑판을 한 층 더 높인 군함이 판옥선이고, 갑판 위에 아예 덮개를 씌운 군함이 거북선이다.

거북선은 판옥선과 달리 갑판 윗부분까지 완전히 덮개를 씌우고 있었으므로 방호력 측면에서 훨씬 강력했다. 덮개를 씌웠을 때의 또 다른 장점은 적이 아군의 움직임을 전혀 볼 수 없다는

악인의 매력을 훔쳐라

점이었다. 다시 말해 적이 아군에게 조준 사격을 하려 해도 그것조차 쉽지 않았다. 이순신은 조정에 승전 보고를 올리면서 이 같은 거북선의 특성에 대해 강조한다.

"신이 일찍이 왜적들의 침입이 있을 것을 염려하여 별도로 거북선을 만들었는데, 앞에는 용머리를 붙여 그 입으로 대포를 쏘게 하고, 등에는 쇠못을 꽂았으며 안에서는 능히 밖을 내다볼 수 있어도 밖에서는 안을 들여다볼 수 없게 하여 비록 적선 수백 척 속에라도 쉽게 돌입하여 포를 쏘게 되어 있으므로 이번 출전 때에 돌격장이 그것을 타고 나왔습니다." 〈이순신, 당포파왜병장, 1592년 6월 14일〉

이런 방호력을 바탕으로 거북선은 최선봉에서 돌격선 역할을 수행했다. 거북선이 최초로 출전한 전투로 알려져 있는 사천해전의 상황을 조정에 보고하면서 이순신 장군은 "먼저 거북선으로 하여금 적선이 있는 곳으로 돌진케 하여 먼저 천자, 지자, 현자, 황자 등 여러 종류의 총통을 쏘게 했다"고 언급하고 있다.

엔히크의 매력을 훔쳐라

엔히크를 단순히 노예 식민 사업을 하던 사람으로 볼 것인가 신개척지를 발견한 사람으로 볼 것인가에 대한 논쟁이 있을 수 있다. 그는 분명히 노예를 팔았고 식민 사업을 하였다. 한편 그가 올린 돛대로 인해 유럽의 제국주의가 시작되었다. 반면 그에게도 배울 점은 많다. 통찰력과 결단이다. 또한 새로운 배를 만들어낸 창의성이 그의 장점이다. 모든 것을 뚫고 원양 항해를 나선 그의 통찰력은 가장 그의 뛰어난 점이라고 볼 수 있다. 그는 이를 위해 많은 사람들과 끊임없이 대화하고 그들의 지식을 얻으려 애썼다. 새로운 것을 개척하려는 사람에게는 엔히크의 매력이 필요하다. 그의 업적을 다시 한 번 읽어보고 그에게 배우려고 애써라. 그가 기회의 문을 열어 줄 것이다.

엔히크가 현대에 태어났다면?

엔히크가 현대에 태어났다면 그와 유사한 인물은 얼마 전에 세상을 떠난 스티브 잡스이다. 기술로 세계를 바꾸고자 한 스티브 잡스의 정신은 새로운 항해 선박을 만들려는 엔히크의 집념과 일맥상통한 면이 있다. 스티븐 잡스는 자신이 원하는 것을 쉽게 얻어내었을까 아니면 어려움을 겪었을까. 그의 인생사를 살펴보자.

입양되다

스티브 잡스가 3살 되던 해 그의 가족은 아버지의 직장을 따라 사우스 샌프란시스코의 산업 단지에 들어선 주택가로 이주하였고, 그는 주변 전자 회사에 다니는 사람들과 어울리며 성장하였다. 이때 전자 분야에 관심이 많았던 동년배 빌 페르난데스, 5살이 많았던 스티브 워즈니악(Steve Wozniak)을 만나 교류했으며, 이들은 잡스에게 매우 긍정적인 영향을 주었다. 그들은 모두 학교에서는 낙제생이자 독선적인 성격을 가진 외톨이였지만, 전자적인 지식과 집념 그리고 유쾌한 성격은 비슷했다. 이 당시 스티브 잡스는 자신이 입양되었다는 사실을 알게 되었고 당시 미국 히피 문화에 흠뻑 젖어 있었다고 회고하였다. 홈스테드고등학교를 마친 뒤 오리건 주 포틀랜드에 있는 리드대학교에 입학하였다. 그는 마약을 중단하고 새로운 이상을 찾아 동양 철학을 공부했다. 하지만 1년 만에 학교를 그만두고 캘리포니아로 돌아가 아타리(Atari)라는 전자 게임 회사에 취업하였다.

하지만 얼마 지나지 않아 회사를 그만두고 스티브 잡스는 히피 차림으로 인도로 여행을 떠났다. 수개월간 인도 북부 히말라야 일대를 여행하였지만 그가 기대했던 내면의 정신적인 만족감을 얻지 못한 채 미국으로 돌아가 아타리사에 복직하였다. 그는 컴퓨터 게임을 만들었으며 이때 다시 워즈니악과 친분을 쌓았고 전자 분야의 지식이 해박했던 그의 도움을 받았다. 사업적인 수완과 마케팅 감각이 뛰어난 스티브 잡스라도 천부적인 전자 엔지니어였던 워즈니악의 도움이 있어야만 아이디어가 실현 가능했고, 각각의 장점을 합쳐 두 사람은 1976년 컴퓨터를 제조하는 회사를 공동 창업하였다. 스티브 잡스가 죽은 뒤 공동 창업자인 워즈니악은 '스티브 잡스가 오리건 주에서 선불교 수행을 하던 장소였던 사과 농장을 연상하여 애플(Apple)이라고 지었다'고 밝힌 바 있다.

회로기판만 있는 퍼스널 컴퓨터 '애플 Ⅰ'을 만들어 발표했으며, 당시 퍼스널 컴퓨터 시장이 주목받게 되자 곧 새로운 컴퓨터 플랫폼인 '애플Ⅱ'를 만들어 냈다. 확장 슬롯으로 기능을 향상시킬 수 있었고 획기적인 운영 체제를 적용하여 컴퓨터에 대한 지식이 없는 사람들도 불편 없이 사용할 수 있도록 만들었다. 하지만 영세한 업체로서는 사업 여건이 불리했다. 스티브는 이런 환경에 굴하지 않고 자신 믿는 비전을 열정적으로 설득해 나갔다. 마침내 그들이 만든 퍼스널 컴퓨터는 시장에서 큰 반응을 보이며 판매에 성공했고 그에 힘입어 1980년에는 주식을 공개했다. 그는 억만장자가 되었으며 미국에서 최고 부자 대열에 합류했다.

매킨토시를 선보이다

마침내 1984년에는 IBM에 대항하여 매킨토시 컴퓨터를 선보이고 대대적인 성공을 거둔다.

하지만 워즈니악은 회사를 떠나고 판매 부진이 이어지자 스티브는 현실성 없는 망상가이자 회사를 도탄에 빠뜨린 인사로 지목되어 1985년 5월 경영 일선에서 쫓겨났다.

애플을 떠난 뒤 넥스트(NeXT) 사(社)를 세워 세계 최초의 객체 지향 운영 체제인 넥스트스텝을 개발하였고 1986년에는 조지 루커스 감독으로부터 픽사(Pixar)를 1,000만 달러에 인수하였다. 그러나 픽사는 장편 애니메이션 영화를 만들 것을 잡스에게 제안했다. 잡스는 이에 기대를 걸지 않았지만 그의 생각과 달리 픽사는 애니메이션 영화로 회생의 기미를 보이기도 하였다.

토이스토리를 만들다

픽사의 존 라세터가 감독한 〈토이스토리(Toy story)〉의 원형이 되는 '틴토이(Tin Toy)'를 만들어 아카데미상 단편 애니메이션상을 수상하며 세간의 관심을 받게 되었다. 1996년 적자에 허덕이며 새로운 운영 체제를 원했던 애플이 넥스트 사(社)를 인수하면서 스티브 잡스에게 기회가 찾아왔다. 13년 만에 다시 애플로 복귀하였고 경영 컨설턴트로 활약하며 4억 달러 흑자를 내는 데 공을 세웠다. 또한 쓸모없는 회사로 생각했던 픽사는 존 라세터가 제작한 애니메이션 〈토이스토리〉의 대대적인 성공에 맞추어 주식 시장에 상장하여 거의 빈털터리에 내몰렸던 스티브 잡스를 단번에 억만장자에 올려놓았다. 2006년에 월트 디즈니가 픽사를 인수하면서 잡스는 월트 디즈니의 이사회 임원이 되었다.

아이팟, 아이패드, 아이폰로 영원히 기억되다

스티브 잡스가 애플의 CEO로 복귀한 2년 동안 애플은 자본이 20억 달러에서 160억 달러로 증가했으며 픽사는 연이은 흥행 성공으로 애니메이션 역사상 가장 성공한 영화사로 기록되고 있었다. 한층 여유로워진 스티브 잡스는 새로운 미디어인 인터넷과 접목한 새로운 제품 개발에 눈을 돌렸으며 그 대상은 음악이었다. 그는 항상 제품에서 모양과 색깔 등의 디자인 결정을 매우 중요시 여겼다. 아이튠즈 개발에 이어 아이팟이라는 MP3플레이어를 개발하여 세계적인 히트 상품 반열에 올려놓았다. 그는 이제 사업가에서 세상을 바꾸는 인물로 인지되고 있었다. 많은 청중들 앞에서 청바지에 검은색 셔츠로 연설하는 그의 모습은 바뀌어가는 세상의 서막을 알리는 행사로 각인되었고, 사람들은 그가 만든 제품에 열광했다. 2007년 맥월드에서 아이폰이 발표되고 전 세계적으로 선풍적인 인기를 끌었으며 애플은 약 500억 달러의 수익을 올렸다. 특히 아이폰은 통신업계 전반을 뒤흔들어 놓았고 문화적인 파급 효과도 지대했다. 또한 2010년에 아이패드라는 태블릿 컴퓨터를 발표하면서 스티브 잡스가 주도하는 변화는 가속화되었다.

악인의 매력을 훔쳐라

여태후
Yeotaehu

유방의 아내

중국 3대 악녀로 알려진 여태후는 후에 전한 왕조의 초대 황제가 되는 유방의 아내였다.

유방은 패현 풍읍 중앙리의 가난한 농가에서 태어났다. 서글서글하고 넉살 좋은 남자는 아니었지만, 젊은 때는 가업인 농사를 싫어하여 이렇다 할 직업도 없이 빈둥거리며 지냈다.

여치(후 여태후)는 시집와서 다음 날부터 밭에 나가 일을 해야 했다. 나름대로 명문가에서 태어나 고생을 모르던 여치가 난생처음으로 호미를 잡은 것이다.

숙청하다

해하 전투에서 항우는 전사하고, 승리한 유방은 한 제국의 초대 황제가 된다. 또한 여치도 공식적인 여후가 되어 서서히 권력의 무대로 등장한다. 처음에 여후가 착수한 일은 한 제국 창업

공신들을 숙청하는 것이었다. 나중에 자기 아들 영이 남편의 뒤를 이어 황제가 되었을 때 이들 공신들이 그 제위를 위협할 우려가 있다고 판단했기 때문이다.

아들의 제위를 지키다

여희를 태자로 삼는다는 소리를 듣고 불안해진 것은 여후였다. 유방이 여색을 좋아하는 것이야 어쩔 수 없지만 여희를 태자로 삼는다는 것은 여후에게 대단한 충격이었다. 이제까지 모진 가난과 전란 속에서도 남편을 따르며 온갖 고초를 참고 견뎌 왔는데, 자신이 출세하고 나니까 조강지처를 나 몰라라 하다니.

고심한 끝에 여후는 문득 장량과 상의해 보자는 생각을 했다. 장량은 유방의 한조 창업을 도운 불세출의 전략가로, 유방의 황제 즉위 후에는 유현영주가 된 인물이다. 장량이라면 명안을 내줄 것으로 믿고 여후는 사신을 파견한다.

며칠 후, 태자는 낯선 네 명의 노인을 데리고 연회에 참석했다. 거의 여든 살이 넘은 백발노인들이었지만, 깊은 영지로 가득 찬 그 모습에는 심중을 꿰뚫는 듯한 위엄이 도사리고 있었다.

유방은 그들에게 태자의 일을 부탁했다.

네 명이 정중히 인사하고 그 자리를 물러나자, 유방은 네 명의 뒷모습을 가리키며 척비에게 말했다.

"태자에게는 앞으로 큰 방패막이가 생겼다. 내 힘으로도 어찌할 수가 없게 되었느니라. 그러니 그대도 단념하고, 이제부터 여후를 잘 받들도록 하라."

복수의 망령

그 뒤 여태후는 복수를 시작했다. 그녀는 자신의 황후 지위를 위협한 원한을 풀기 시작했다.

그녀는 척부인에게 잔인한 복수를 한다. 척부인에게 독을 마시게 하고, 귓구멍에 황산을 들이붓고, 마지막에는 눈을 도려낸 것이다. 또한 척부인이 실신하자 여태후는 물을 부어 정신이 들게 한 뒤, 이번에는 양팔과 양다리를 잘라 버렸다. 그리고 척부인을 돼지우리에 버렸다.

이후로는 여태후의 독무대였다. 그녀는 권력을 여씨가 독점하도록 위험인물을 차례차례 죽여 나갔다. 결국에는 도대체 몇 명을 죽였는지 여태후 자신도 기억하지 못할 정도였다.

여태후의 피를 훔쳐라

여태후에게 배워야 할 점은 바로 독하다는 것이다. 독한 여자, 독한 남자라는 말이 있다. 무엇을 할 때 집요하게 매달려 끝까지 수행하는 모습을 일컫기도 하고, 무언가를 봐주지 않고 심하게 구는 모습을 보일 때를 비유하기도 한다. 여태후는 독했다. 유방에게 신부로 올 때부터 그녀는 독한 기질을 보여 준다. 좋은 가문에서 자라 손에 물 한 방울 안 묻히고 자란 그녀가 농사일을 바로 시작한 것이다. 그로부터 그녀는 자신의 내공과 독한 기질을 쌓았다. 그녀의 독한 기질은 권력의 정점에 오르고 나서 여실히 드러나기 시작했다. 척부인에게 복수하는 모습은 그녀의 내면이 얼마나 매섭고 잔인한가를 그대로 보여 주고 있다.

무른 사람이 있다. 물러서 일이나 연애를 잘 못 하는 사람이 있다. 이런 사람에게 필요한 것은 독한 기질이다. 여태후의 모습을 통해 이런 사람의 기질도 변화할 수 있다. 무른 사람들이 여태후의 반의반만큼이라도 독한 기질로 변화한다면 머뭇거리거나 유유부단함을 고칠 수 있을 것이다. 여태후의 매력을 훔쳐라. 당신을 독하게 만들 것이다.

크리스토퍼 콜럼버스
Christopher Columbus

6년이 넘도록 계속한 설득

1484년 콜럼버스는 자신의 계획을 꼼꼼하게 적어 포르투갈의 주앙 2세에게 보고하면서 인도 항로 탐험에 쓸 수 있도록 앞에서 설명한 캐러벨 선박을 요청했다.

악인의 매력을 훔쳐라

주앙 2세는 토스카넬리아에게 제안을 검토하도록 지시한다. 토스카넬리아의 보고서를 검토한 주앙 2세는 콜럼버스의 항해 계획을 받아들이지 않았다. 주앙 2세가 그의 요구를 거절하자 콜럼버스는 에스파냐 왕실로 찾아갔지만, 역시 효과가 없었고 다시 포르투갈로 갔다. 이번에도 주앙 2세는 그의 제안을 거절했다. 포르투갈에서 주앙 2세가 냉담하게 거절하자 그는 또다시 에스파냐로 갔다.

하지만 위원회는 이사벨라와 페르디난도에게 다음과 같은 보고서를 제출하여 콜럼버스의 계획에 반대했다.

서쪽 대양은 무한하며 항해할 수 없을지도 모릅니다. 그래서 천지창조 후 긴 세월 동안 어느 누구도 쓸모 있는 미지의 땅을 발견하는 것이 불가능했습니다.

콜럼버스는 6년이나 기다렸지만 계속 회답이 없자 실망하고 에스파냐를 떠나려고 했다. 이때 콜럼버스의 친구이자 왕실 재무 담당관인 루이스 데 산탄겔이 이사벨라 여왕과 페르디난도 왕을 설득했다. 콜럼버스의 탐험이 실패할 수도 있지만 만약에 탐험에 성공할 경우에 얻게 될 이득에 비교하면 그 정도 부담은 감수해도 좋겠다는 것이었다.

산탄겔의 설득의 효과를 보아 콜럼버스는 에스파냐 왕실의 재정 지원을 받아 특권 협상에 승리하고 1492년 8월 3일 기함 산

타마리아호, 핀타, 니나에 120명의 선원을 태우고 에스파냐의 팔로스 데 라 프론테라항을 출발했다.

선원들의 대부분은 위험한 모험을 택한 죄수들이었다. 그리고 잘 알려졌듯이 70여 일의 지루한 항해 끝에 10월 12일 마침내 일행은 육지에 닿았고 신대륙 발견이라는 성과를 거두었다.

추악한 콜럼버스

학자들이 콜럼버스를 인류사상 가장 사악한 악당 중 한 명으로 보는 이유는 콜럼버스가 세계를 변화시킨 두 가지 현상을 일으켰기 때문이다. 즉, 그는 토착민으로부터 땅, 부와 노동을 착취하여 이들을 거의 말살시켰고, 대서양 횡단 노예무역이라는 신종 직업을 보다 본격화하여 인종적 하층 계급의 발생에 기여했다.

콜럼버스의 몰락

1502년 콜럼버스는 네 번째이자 마지막 항해에 나섰다. 그러나 그에게도 지나가는 세월과 다가오는 운명은 어쩔 수가 없는 일이었다. 미우나 고우나 그를 적극적으로 지원한 이사벨라 여왕이 1504년 겨울에 사망하자 그의 지위와 명예를 적은 특권들은 휴지가 되어 버렸다. 콜럼버스에게 더 이상 재기의 순간은 오지 않았고, 그는 결국 1506년 5월 세상을 떠났다.

악인의 매력을 훔쳐라

콜럼버스가 현대에 태어났다면?

콜럼버스가 현대에 태어났다면 바람의 딸 한비야처럼 되었을지도 모른다. 지도 밖으로 행군하라는 그녀의 마인드와 새로운 세계를 발견하고자 하는 콜럼버스의 마음은 일치하고 있기 때문이다. 물론 새로운 곳에서 약탈을 하고자 노력했던 콜럼버스와 긴급 구호를 하고 있는 한비야의 행동은 천지 차이이다.

한비야는 아프가니스탄-말라위, 잠비아-이라크-시에라리온, 라이베리아-네팔-팔레스타인, 이스라엘-남아시아에서 구호 활동을 하였다. 아프가니스탄에서는 40대 때 처음 구호 활동을 시작하였다. 말라위와 잠비아의 가장 큰 문제는 에이즈. 인구의 3분의 1은 모자 감염으로 에이즈에 걸린 아이들이었다. 시에라리온은 다이아몬드로 유명한 나라인데 이곳에서 나오는 다이아몬드는 블러드 다이아몬드라고 부르기도 한다. 시에라리온의 아이들은 다이아몬드를 캐서 나중에 부자가 되는 기대를 품고 있지만, 온종일 일하고 다이아몬드를 캐도 그에 해당하는 만큼의 돈을 받지 못한다. 라이베리아는 소년병들과 소녀병들의 문제가 많다. 어린 나이임에도 불구하고 거의 강제적으로 소년·소녀병이 되어 사람들을 무자비하게 살인하고 잔혹한 일들을 한다.

세계적으로 가난한 나라와 잘 사는 나라 간 격차가 너무 심하다. 세상은 우리가 생각하고 있는 것보다 훨씬 더 심한 기아와 자연, 환경 문제 등으로 고통받고 있다. 점점 기부금과 구호가 늘어나고 있지만 아직도 턱없이 부족하다. 한비야는 긴급 구호를 통해 우리에게 이 나라들을 도울 것을 알리고 있다.

콜럼버스의 매력을 훔쳐라

그의 시작은 순탄치 않았다. 그는 계속해서 항해 요청을 했다. 하지만 번번이 거절당했다. 무려 6년간 그는 거절당한 것이다. 하지만 그는 결국 설득에 성공했다. 근 6년 만에 이루어진 것이다. 그리고 결국 그는 항해에 성공하게 되었다.

그의 장점은 인내력이다. 그는 항해 지원을 끈질기게 기다렸다. 또한 항해 과정 역시 기다렸다. 항해 과정은 순탄치 않았다. 선원들 대부분이 돌아서자고 이야기할 때도 그는 기다렸다. 조금만 더 기다려 보자고 이야기했다. 그의 인내력은 성공했고 새로운 대륙을 발견하는 데 성공했다. 그가 이긴 것이다. 그의 승리의 매력을 훔치고 싶지 않은가. 그것은 못 견딜 것 같은 순간에 한번 더 기다린데 있었다. 부처님은 자신이 득도 할 수 있었던 이유로 참는 힘 바로 인내를 손꼽았다. 우리 인생도 기다림의 시간을 얼마나 잘 견디느냐에 있다. 인간의 많은 순간 우리는 마음 졸이면서 그것을 기다려야 한다. 이는 시험이나 인생에서 겪게 되는 많은 통과 의례의 순간에 해당한다. 조금만 더 기다려보자. 기다림의 순간은 길지만 나중에는 그 기다림의 시간의 두배가 되는 기쁨을 누릴 수 있을 것이다.

프란시스코 피사로

Francisco Pizarro

계략을 쓰다

피사로에게는 한 가지 계략이 있었다. 어떠한 방법을 사용하든 아타우알파 왕만 사로잡으면 된다는 것이었다. 그는 잉카 제국으로 향하는 도중에 멕시코의 아즈텍 왕국을 정복한 코르테스를 만난 적이 있었다. 그때 코르테스는 "일단 왕을 사로잡으시오"라는 조언을 해 주었다. 나라의 존재가 왕의 신권에 달려 있는 남 아메리카 원주민들에게 왕의 명령은 절대적이었기 때문이다.

피사로는 꾀를 내어 카하마르카에서 치료하고 있는 아타왈파 왕에게 접근한 다음 전격적으로 왕을 체포했다. 왕이 포로로 잡히자 잉카는 어떠한 대책도 세울 수가 없었다. 내전이 막 끝나고 국가를 재건하려는 바로 그 순간에 일어난 사건이었기 때문이다. 어처구니없이 아타왈파 왕이 포로로 잡히자 잉카 제국은 왕의 생명을 구하기 위해 방 안에 보물을 채워 주겠다고 약속했고 그 약속을 지켰다.

역사상의 닮은 인물

계략을 썼다는 점에서 역사상 전략의 신이라고 불리는 제갈공명과 비슷한 면이 있다. 제갈공명은 주야장천 시골 방에 박혀 책을 읽다가 28살에 유비를 만나 천하 삼분지계를 논한다. 유비의 삼고초려로 세상에 나온 제갈공명은 갖가지 병법과 전략으로 천하를 좌지우지하는 모습을 보인다. 제갈공명의 신출귀몰한 전략은 전투에 있어서 전략이 얼마나 중요한가를 말해 주고 있다. 제갈공명의 계략은 적벽대전에서 빛을 발한다. 그는 화살 10만 개를 계략을 써서 얻어낸다. 안개가 뿌옇게 흐린 날 적진에 침입하여 적군이 쏘는 화살을 그대로 받아서 온 것이다. 제갈공명의 계략은 여기서 그치지 않는다. 한번은 적군의 추격으로 위기에 빠진 때가 있었다. 그러나 그는 당황하지 않고 아무도 없는 성에 홀로 앉아 악기를 연주한다. 그에게 무언가 계략이 있을 것으로 생각한 사마의는 돌아가고 만다. 제갈공명의 계략은 신출귀몰하여 그가 죽은 뒤까지 쓰였다. 제갈공명은 죽은 뒤에 쪽지를 남겼는데 자신의 깃발을 활용하라는 것이었다. 갑자기 나타난 공명의 깃발에 사마의는 도망치고 만다. '죽은 공명이 산 중달을 이겼다'가 바로 그 전투를 나타낸 것인데, 제갈공명의 계략은 죽은 뒤까지 쓰였으니 그 전략이 얼마나 신출귀몰했는지를 알 수 있다.

악인의 매력을 훔쳐라

피사로의 매력을 훔쳐라

그는 계략을 썼다. 이는 속임수이다. 하지만 그는 그 계략을 통해 승리했다. 많은 사람들이 이런 꾀를 통해서 일들을 쉽게 풀어 가곤 한다. 피사로의 계략은 단순한 것이었지만 파괴력이 있는 것이었다. 그래서 그는 잉카인 모두를 꼼짝 못 하게 할 수 있었다. 꾀라는 것은 어려운 것이 아니다. 그것은 우리나라 전래동화에도 많이 나오는 것이다. 토끼의 꾀에 당하는 호랑이와 같은 이야기를 읽어도 알 수 있지 않은가. 하지만 실상 현실에서 그런 꾀를 쓰기란 쉽지 않다. 하지만 방법이 있다. 피사로는 자기 머리로 꾀를 낸 것이 아니었다. 그는 다른 사람의 머리를 빌려 힌트를 얻어 자신의 계략을 성공시킬수 있었다. 우리도 계략을 꼭 자신이 생각해내는 것만은 능사가 아니다. 나보다 더 좋은 계략을 갖고 있는 사람의 의견이라면 과감하게 적용시키는 것이 문제 해결의 지름길일 수도 있다. 피사로처럼 계략을 쓰고 싶다면 남의 머리를 빌려라.

서태후

The Empress Dowager Cixi

선택받은 여인

19세기 중국의 4억 민중 위에 절대적인 권력을 휘두르고 온갖 악행을 일삼다가 결국 청 왕조를 멸망으로 이끈 괴물 여제, 서태후. 그녀는 어떻게 그 자리에 오를 수 있었을까. 그 비결을 알아보자.

노래로 문종의 마음을 끌다

변함없이 강한 성격의 열일곱 살 난아는 동료들과 잘 지내지 못하고 언제나 외톨이였다. 하지만 그녀는 오히려 늘 혼자라는 상황을 이용해 확실하게 자신의 입지를 굳히려 했다.

어느 날 문종이 궁전의 정원을 산책하고 있으려니 어디선가 바람을 타고 노랫소리가 들려왔다. 이 소리에 마음을 뺏긴 문종은 누가 부르는 것인지 알아보도록 내시에게 명령했다. 노래를 부르고 있던 여인은 언제나처럼 혼자 정원에 나와 있는 난아였다. 어려서부터 그녀의 노랫소리는 아름답기로 유명했다.

"외로움을 달래기 위해 노래를 불렀사옵니다. 설마 폐하께까지 들렸으리라고는…"

나중에 문종에게 이때의 일을 전해 듣고 난아가 부끄러워하며 그렇게 말했지만, 사실 이는 문종의 귀에 들릴 것을 계산한 행동이었다.

태자를 출산하다

난아는 공식적인 태자 재순을 출산한다. 하지만 의귀비로 정해진 이후 점차 그녀는 주변의 시선은 아랑곳하지 않은 채 본성을 드러내며 방약무인한 행동을 보였다.

미모의 황후를 죽이다

목종은 열여덟 살의 젊은 나이로 세상을 떠나고 말았다. 보고를 받은 서태후는 즉시 황후를 불러들여 "네가 내 아들을 죽인 것이다. 그래도 너는 황태후가 될 작정이냐?" 하며 노발대발했고, 엎드려 우는 황후에게 목종을 따라 순절할 것을 강요했다. 그리고 순절이라는 명목으로 음식도 주지 않고 굶겨 죽이고 만다.

동태후 독살

서태후가 완쾌하자, 동태후는 그것을 진심으로 기뻐하며 축하 잔치를 열었다. 그리고 며칠 후 그녀의 앞으로 서태후가 보낸 떡

이 도착한다. 동태후는 서태후도 마음이 부드러워졌구나 하며 기쁜 마음으로 떡을 먹었는데, 잠시 후 기분이 이상하다고 말하며 자리에 눕더니, 결국 죽고 말았다. 떡 안에 독이 든 것은 두말할 것도 없다.

죽음의 침상에서 한 말

황후가 서태후의 궁전으로 달려가 황제의 죽음을 알리자, 서태후는 기쁜 듯이 미소를 지었다. 그리고 광서제가 자신보다 먼저 죽은 것에 안도했는지, 그다음 날에 서태후 자신도 조용히 숨을 거두었다. 일흔둘의 나이였다.

임종의 침상에서 서태후는 "앞으로 두 번 다시 여성에게 국정을 맡겨서는 안 된다."라는 말을 남겼다고 한다. 이것이 청 왕조의 유일한 여제로서의 자긍심에서 나온 말인지, 아니면 스스로의 인생을 후회해서 한 말인지 그 의미가 분명히 밝혀지지는 않았다.

서태후의 매력을 훔쳐라

서태후의 강점은 강인한 성격이다. 이 성격으로 그녀는 기회의 문을 잡았다. 그는 외톨이였으나 이를 이용하여 혼자 나와 노래를 불렀고, 이 노래는 문종의 마음을 끌게 된다. 사람들 중에는 다른 사람들과 잘 어울리지 못하는 성격이 있다. 이런 성격에 좌절할 것이 아니라 서태후처럼 자신의 강점을 살려 보는 것은 어

악인의 매력을 훔쳐라

떨까. 아마도 효과가 있을 것이다. 외톨이일지라도 꿋꿋하게 행동하는 서태후에게 기회가 온 것처럼 당신에게도 기회의 문이 열릴 것이다. 서태후에게서 훔쳐야 할 것은 이런 강인함과 꿋꿋함이다.

헨리 스탠리
Henry Stanley

보물을 알아본 스탠리

리빙스턴과 스탠리가 아프리카에서 만난 것은 인류 역사상 그야말로 극적인 사건으로 알려졌는데 발단은 정말로 우연하게 시작된 것이다. 탐험가로 유명한 리빙스턴이 실종되었다는 사실은 당시 큰 뉴스거리였다. 그가 줄루족에 의해 살해당했다는 허위 보도도 있었거니와 많은 사람이 리빙스턴이 이미 사망했을 것으로 생각하고 있었다.

뉴욕 헤럴드에서는 아프리카에 통신원을 파견해 소식이 끊긴 대탐험가를 찾게 하였는데 이때 발탁된 통신원이 바로 스탠리였다.

스탠리는 8개월 이상 고된 여행을 한 끝에 1871년 11월 3일 아프리카의 오지인 우지지 마을에서 1866년 이래 5년이나 소식이 끊긴 리빙스턴을 만났다.

리빙스턴이 스탠리의 도착으로 원기를 회복하자 두 사람은 함께 5개월 동안 아프리카 내륙을 탐험하였다. 두 사람의 의기가 어느 정도 통했는지 리빙스턴은 스탠리와 중앙아프리카의 중요 도시인 타보라 근처에서 헤어지면서 자신이 탐험한 지역을 그린 지도 한 장과 일기장, 메모 등을 스탠리에게 건네주었다.

그러나 리빙스턴이 선의로 스탠리에게 준 한 장의 지도는 아프리카 현대사를 완전히 뒤바꾸어 놓는 계기가 되었다. 리빙스턴의 지도야말로 유럽 국가들이 갖고 싶어 하던 정보, 즉 아프리카를 식민지화할 수 있는 결정적인 자료였기 때문이었다. 스탠리는 매우 냉정하고 치밀한 사람이었다. 아프리카 지도를 확보하자 자신의 원대한 계획을 숨긴 채, 서두르지 않고 자신의 계획을 하나하나 실행에 옮기기 시작했다.

스탠리의 매력을 훔쳐라

스탠리의 장점은 용기였다. 그는 생전 무지의 지역을 탐험했다. 그것은 바로 리빙스턴을 찾기 위해서였다. 스탠리는 8개월 이상 고된 여행을 한 끝에 5년이나 소식을 끊긴 리빙스턴을 만난다. 그것은 리빙스턴이 중요한 정보를 갖고 있을 것이라는 스탠리의 확신이 있었기에 가능했던 일이었다. 하지만 스탠리의 확신 이상

악인의 매력을 훔쳐라

으로 이는 매우 용기 있는 일이었다. 스탠리의 용기는 리빙스턴의 지도로 충분히 보상받았다. 사람이 살아가면서 용기가 필요할 때가 있다. 무엇인가를 어떤 것에 걸어야 할 때도 있고, 자신의 몸을 던져야 할 때도 있다. 그럴 때 필요한 것은 바로 용기이다. 스탠리는 바로 용기로 승리한 것이다.

역사상 비슷한 인물

역사적으로 스탠리와 비슷한 인물은 황석공을 만난 장량이다. 장량은 진시황을 암살하려다 실패한 뒤 하비를 떠돌아다니다가 이교에서 노인 한 사람을 만났다. 노인은 신발을 일부러 강물에 떨어뜨린 뒤 장량에게 주워 오도록 하고 그에게 병법서 《태공병법》을 전해 주었다고 한다. 그리고 "13년 뒤에 곡성산 아래 황석을 보면 그게 나인 줄 알라."고 말했다. 장량이 그 책을 읽고 유방이 천하를 차지하도록 도왔다. 그리고 제북 곡성을 지나가다가 황석을 보고는 제사를 지냈다. 장량과 스탠리는 비슷한 일을 당했다. 스탠리는 보물과 같은 지도를 받았고 장량은 책을 받았다. 장량은 이를 천하를 평정하는 데 사용한 데 비해 스탠리는 자기 욕심을 채우는 데 이용하면서 두 사람의 운명은 갈리고 말았다.

라스푸틴

Rasputin

시베리아의 한 농부의 아들로 태어났으며, 18살 때부터 떠돌이 생활을 하기 시작했다. 1903년 당시 제정 러시아 수도인 상트페테르부르크에 나타났고, 혈우병으로 고생한 황태자를 기도 요법으로 병세를 완화시켜 신망을 얻었으며, 귀족 대접을 받게 되었다.

자신을 시험하다

그는 황량하고 사람이 거의 살지 않는 시베리아 포크로프스코 마을에서 농부의 아들로 태어났다. 학교에 다닌 적이 없으므로 문맹자였고 싸움을 좋아하고 술꾼에다 도둑질에도 일가견이 있었다.

그러나 어떤 계기인지 우랄에 있는 한 수도원을 방문한 후 러시아 정교 신앙에 매혹되었고 자신에게 고뇌에 빠진 사람들을 위로하고 예언하는 능력이 있다고 믿게 되었다. 그는 술과 담배, 육식을 끊고 자신을 시험하기 시작했다.

　　　　　　　　　악인의 매력을 훔쳐라

언변으로 세상에 나서다

말끔하고 좋은 언변과 최면술을 겸한 그는 만나는 여자마다 자신에게 반하게 만들었다. 이러한 능력에 자신감을 얻은 라스푸틴은 러시아 전역을 돌아다니며 여자들과의 섹스로 그의 성가를 높였다. 우습게도 그의 언변술과 최면술에 반한 제정 러시아의 사람들은 고통스러운 삶을 이어가던 중에 큰 희망으로 받아들였고, 거룩한 사람에 대한 소문은 러시아 전역으로 퍼지기 시작했다.

1903년 라스푸틴은 상트페테르부르크에 도착했다. 겨우 서른 살에 지나지 않는 젊은이였지만 농부가 입는 작업복과 바지, 장화 위에 검은 가죽 코트를 걸친 그의 모습은 곧바로 상트페테르부르크의 상류층 사이에서 화제가 되었고 인기를 모아 하느님을 찾는 자라 불렸다.

명성이 치솟다

그의 모든 얼굴 표정은 호기심으로 반짝이고 깊고 매력적인 연한 푸른빛의 눈에 집중되어 있었다. 그의 시선은 투시하듯 애무하는 것이었고, 순진하고 교활했으며, 가깝고도 먼 것이었다. 그가 흥분한 모습을 보이면 그의 신도들은 최면에 걸린 듯 행동했다.

라스푸틴은 러시아 각지를 떠돌아다녔다. 이때 병든 사람을 고쳐 주고, 또 예언도 하였기에 사람들은 그를 기인으로 받들기 시작했다. 이제 그의 명성은 점점 높아지고 그에 대한 소문은 러시아 전역으로 퍼져 나가게 되었다.

예언하다

라스푸틴은 처형되기 전에 편지를 썼는데 그 편지 내용은 그의 예언이었고, 그 예언은 '나는 이제 곧 죽을 것이고 나를 죽이는 장본인이 황제의 친구이면 황실도 머지않아 몰락할 것이고 러시아 귀족에게 죽는다면 차르는 25년 후에 러시아에서 자취를 감출 것이며 농부의 손에 죽는다면 차르는 수백 년 동안 이 땅을 다스릴 것이다.'라는 내용이었다.

라스푸틴의 예언대로 몇 달 뒤에 세계 최초의 공산주의 혁명이 일어나 제정 러시아는 붕괴하였으며 로마노프 왕조도 단절되었다.

그에 대한 평가

라스푸틴을 이해하려면 그의 뒤를 이은 러시아의 정신과 만행을 모두 이해해야 한다. 그는 수백만 명에 이르는 농민들의 선구자이다. 그는 농민들의 정신에 종교의식을 불어넣었지만 그럼에도 불구하고 교회를 분열시켰고, 사랑과 정의의 국가를 세우려는 이상을 갖고 있었지만 살인과 강간을 자행하고 국가 전역을 피로 물들였으며, 결국은 농민들을 파멸시키고 말았다.

악인의 매력을 훔쳐라

라스푸틴이 현대에 태어났다면?

라스푸틴이 현대에 태어났다면 비슷한 인물은 황우석 박사이다. 황우석 박사는 뛰어난 언변과 연구 성과를 바탕으로 줄기세포 연구를 거의 신앙에 가까운 수준까지 끌어올렸다. 수많은 사람들이 그의 연구 성과 하나하나에 울고 웃었고 그를 따랐다. 하지만 그의 논문이 조작된 것으로 밝혀지면서 그는 파국의 길을 걸었다. 많은 이들이 조작설을 내밀면서 그를 여전히 추종하는 데 비해 역시 많은 수의 사람들이 그를 사기꾼이라며 그를 떠났다. 황우석 박사는 지위, 권력, 명예의 상당 부분을 잃어버렸지만 여전히 연구를 계속하고 있는 실정이다. 거짓된 면을 보였다는 점에서 라스푸틴과 황우석은 묘한 닮은꼴 얼굴을 하고 있다.

라스푸틴의 피를 훔쳐라

그는 농부의 아들로 태어나 떠돌이 생활을 한다. 그런 그를 돋보이게 한 것이 있는데, 바로 언변술이다. 그는 언변술 하나로 세상 앞에 나서게 된 것이다. 또한 그의 능력은 예언하는 능력이었다. 이것은 현대에도 있다. 점집이 바로 그것이다. 점집 역시 미래를 예언하는 능력으로 살아가는 곳이기 때문이다. 한마디로 그는 유명한 무당이었다. 그의 능력은 탁월했기에 그의 명성은 높아지기만 하였다.

그의 능력을 훔치고 싶다면 말하는 능력을 높여야 한다. 말 못해서 여러 군데서 손해를 보고 있는 사람은 당장 그의 언변 능력을 얻고 싶을 것이다. 이것은 단순히 화술 학원에 다닌다고 얻을 수 있는 능력이 아니다. 주의할 점은 있다. 그 역시 술 담배를 끊고 자신을 시험하는 과정을 겪었다는 것이다. 그 결과 그는 뛰어난 예언자가 될 수 있었다. 예언자로 나서고 싶은 사람이 있다면 그 역시 시험하는 과정을 넘어서야 한다. 시험을 이겨낸 자만이 뛰어난 예언자로 능력을 발휘할 수 있을 것이다.

잭 더 리퍼
Jack the Ripper

은둔의 살인마

런던 화이트채플에서 일어난 살인 사건이 잭 더 리퍼의 행각을 예고한다.

1888년 8월 31일 이른 시각, 찰스 크로스는 런던 화이트채플역 뒤편의 벅스 거리를 걸어 출근길에 나섰다. 진흙탕을 피하려다가 그는 우연히 시체 한 구를 발견했고, 시체의 신원은 나중에 메리 앤 니콜스로 밝혀졌다. 그녀는 키 1m 57㎝에 눈동자는 갈

악인의 매력을 훔쳐라

색이고 치아 다섯 개가 없었다. 얼굴과 목에는 멍이 들었고, 목 주변에는 두 군데의 깊은 상처가, 하복부에는 칼자국이 있었다. 검시의에 따르면, 해부학적인 지식을 지닌 왼손잡이 남자가 5분 간의 습격을 가해 그녀를 살해한 것이 분명했다.

이 사건은 아마 '잭 더 리퍼(Jack the ripper)'가 저지른 최초의 살인이었을 것이다. 1888년 8월에서 11월에 걸쳐 그는 적어도 다섯 명의 여인을 살해했다.

한국에서는 흔히 '칼잡이 잭''면도날 잭''살인마 잭''토막 살인자 잭' 등으로 불린다. 이 살인마가 살인을 저지르던 시기는 과학 수 사가 매우 뒤떨어진 시대였고, 지문 확보조차 되지 않아 많은 이 들이 경찰에게 잭 리퍼 검거 방법을 써 보내었고, 심지어 당시 빅 토리아 여왕까지 검거 방법을 보냈을 정도로 많은 이들이 두려워 하는 존재였다. 그러나 125년이 지난 지금까지도 잭 리퍼는 검 거되지 못했다. 또한 잭 더 리퍼는 거의 단서를 남기지 않았다고 한다.

잭 더 리퍼의 매력을 훔쳐라

잭 더 리퍼에게는 도저히 배울 점이 없다고 말하는 사람이 있 을 것이다. 그는 살인자이다. 그에게서 무엇을 배워야 하는가? 하지만 필자는 잭 더 리퍼에게서 배울 점을 찾아냈다. 그것은 단서를 남기지 않았다는 점이다. 그것은 완벽주의의 일면을 볼 수 있다. 잭 더 리퍼는 완벽주의 범죄를 행했다. 그것은 무단서 무 검거를 이끌어냈다. 우리 배울 점은 그의 완벽주의에 가까운 노력이다. 우리는 대충 하고 만다. 보통 80~90%에 만족을 느끼고 그대로 행한다. 하지만 어떤 이들은 완벽을 향해 돌진한다. 우리는 그들을 완벽주의자라고 부른다. 그들은 반드시 99%, 100%를 채운다. 그들은 다르다. 우리는 그들은 본받을 필요가 있다. 그것이 우리가 잭 더 리퍼에게서 배울 수 있는 힌트이다.

스탈린
Stalin

두 얼굴의 독재자

1953년 3월 구소련의 국민들은 국가 원수인 스탈린이 사망했다는 소식이 전해지자 망연자실 눈물바다를 이루었다. 러시안들에게 스탈린은 구세주였고 히틀러의 공격에 맞서 국가와 국민들을 구했으며, 오만한 미국인과 맞서서 세계 양대 축을 만든 위대한 지도자이다.

전복한 로마노프 왕조가 300년 동안 백성을 죽인 것보다 스탈린이 통치 기간 동안 더 많은 소련인들을 죽인 살인자라는 것을 기억하는 사람은 거의 없었다. 냉혹한 독재자 스탈린은 자유와 평등의 이상을 기초로 한다는 러시아 민중 혁명을 공포에 의한 전체주의적 독재 정권으로 대체한 장본인이었다.

우수했던 학업 성적

그의 학교 성적은 어떠했을까? 그는 1888년 9살이 되던 해, 고리시에 있는 그리스 정교 교구 학교에 입학했다. 스탈린은 자신을 교육 시킬 여건이 되지 않는데도 불구하고 학교에 보내려는 어머니의 열성에 보답하려는 듯 입학 초기부터 모든 분야에서 남을 능가했다. 그는 학교 숙제를 철저하게 준비했으며 예습과 복습을 게을리하지 않아 매번 학급에서 수석을 차지하며 진급을 계속했다. 성적이 우수했던 그는 신분이 낮은 계층에서는 좀처럼 받을 수 없는 특별 우수상장을 받으면서 1894년 7월 학교를 졸업했다. 학업에서 발군의 실력을 보인 스탈린은 티플리스에 있는 그리스 정교회 신학교에 장학금을 받으면서 입학했다.

위험을 무릅쓰다

스탈린의 초기 혁명 활동은 그야말로 위험의 연속이었다. 제정 러시아로부터 낙인이 찍혀 있으므로 항상 당국의 추적을 피해

도망 다녀야 했으며 체포될 때마다 시베리아의 황무지에 유배되었다.

겸손한 모습을 보이다

스탈린은 권력을 잡은 후에도 어디에서나 레닌과 같이 겸손한 태도를 보였다. 수수한 옷차림, 개인적인 금욕주의, 침착함과 부성애 등을 자주 보여 주었기 때문에 노동자 출신의 신진 공무원들로부터 절대적인 지지를 받았다. 스탈린은 트로츠키의 불참을 확인한 후 레닌의 장례식장에서 자신의 겸손한 이미지를 한껏 발휘했다. 과장된 표현으로 레닌에게 충성을 다짐하는 스탈린의 글이 대대적으로 언론을 타자 그의 인기는 계속 상한가를 쳤다.

경제 성장을 이끌다

1928년 스탈린은 제1차 5개년 계획을 발표했다. 스탈린의 야심 찬 경제 계획은 농업에서 공업 위주의 경제 체제로 전환하면서 강제 노동을 통한 집단 농장을 도입하는 것이었다. 놀라운 것은 이 시기 소련의 공업 및 농업 생산량이 경이적인 증가세를 보였다는 점이다. 러시아 전역에 발전소를 세우고, 제철 공장을 건설하고, 유정을 파고, 광물과 임산 자원을 개발하기 위한 방대한 계획들이 소기의 성과를 거둔 것이다. 전 세계 언론은 소련이 하루아침에 저개발 국가에서 강력한 공업 국가로 변모했다고 평했다.

그의 제1차 5개년 계획의 성공은 그 이후에 거듭된 5개년 계

악인의 매력을 훔쳐라

획들의 기초가 되었다. 공산당은 끊임없는 선전 활동을 통해 스탈린을 오늘의 레닌, 구세주, 천재, 살아 있는 성자로 부각시켰다. 반면에 그에 반대하거나 이의를 제기하는 사람들은 어김없이 처형하거나 강제 노동 수용소로 추방했다.

선전의 중요성을 간파하다

스탈린의 성공은 선전을 중요하게 여긴 덕택이기도 하다. 선전과 위협이 결합한 스탈린 숭배를 위해 유치원 아이들은 위대한 지도자를 찬양하는 동요부터 배웠다. 국민들은 스탈린이 이룩한 사회적인 서비스, 직업 그리고 생활 등 이론상의 모든 선물에 대해 스탈린에게 끊임없이 감사를 표했다. 스탈린을 우상화한 사진 중 하나는 어린아이들의 친구였다. 독재자와 어린아이는 히틀러와 마찬가지로 스탈린이 즐겨 사용하던 방식이었다. 1936년 크렘린에서 스탈린은 6살짜리 몽골인 겔리아 마리코바를 안고 사진을 찍었다.

이 사진은 스탈린을 선전하는 데 가장 효과적인 것으로 인정되어 1956년까지 7억 장 정도가 인쇄·배포되었다.

스탈린의 업적

러시아를 농업 국가에서 단 30년 만에 공업 국가로 만들었고, 미국이 원자폭탄으로 기선을 잡자마자 곧바로 핵폭탄을 개발하여 유럽의 자존심을 살렸다는 점을 들어 후한 점수를 주는 학자들도 있다. 또한 세계에서 최초로 우주인을 대기권 밖으로 쏘아 보내는 등 최첨단 국가였던 미국의 자존심을 여지없이 부숴 놓아 공산주의의 이미지를 쇄신시켰다고 긍정적으로 평가하기도 한다.

스탈린의 매력을 훔쳐라

스탈린이 보여준 것은 위협을 무릅쓴 용기다. 혁명 초기, 그는 늘 도망쳐다녀야 했다. 또한 독재자로 나선 후로는 겸손한 모습을 잃지 않았는데, 이는 그가 인기를 끌게 된 원동력이 되었다. 경제 성장은 그의 또 다른 업적이다. 이는 미국에 맞서 공업 국가를 탄생시켜 유럽의 자존심을 지켰다는 평을 얻게 되었다. 또한 그는 선전의 중요성을 간파하여 많은 선전 활동을 하였다. 스탈린의 장점은 많다. 그가 두 얼굴의 독재자이기는 하지만, 그렇다면 한 얼굴은 좋았다는 평이지 않은가. 그에게서 오늘부터 하나씩 배워 보는 것은 어떤가. 그렇다면 당신도 스탈린을 닮을 수 있을 것이다.

스탈린이 우리나라에 태어났다면?

스탈린이 우리나라에 태어났다면 아마 비슷한 인물은 박정희일 것이다. 둘 다 독재자란 점이 우선 비슷하다. 박정희는 18년 동안이나 군부 독재를 했고 반대자를 철저하게 숙청하였다. 그러나 경제 성장을 일으켰다는 점과 군중을 세뇌하기 위해 여러 선전을 이용했다는 점 역시 스탈린과 비슷하다. 또한 박정희 역

악인의 매력을 훔쳐라

시 군중을 움직이게 하려고 노래를 활용했다. 박정희는 독재를 했음에도 불구하고 다른 타락한 독재자들과는 달리 스탈린처럼 수수한 옷차림, 개인적인 금욕주의, 침착함과 부성애 등을 자주 보여 주었다. 이런 점에서 스탈린과 박정희는 운명처럼 서로 닮았다. 하지만 스탈린에 대한 평가가 엇갈리는 것처럼 박정희에 대한 평가도 엇갈린다. 경제 성장을 이룩한 위대한 지도자인가, 권력에 눈이 먼 독재자인가 하는 상반된 평가가 공존한다. 다만 박정희가 총탄에 의해 죽은 것처럼 두 사람 모두 결말은 좋지 않았다는 점에서 정당하게 이룩된 권력의 소중함을 알 수 있다.

조조
J o J o

인간 경영을 실천하다

조조의 숨겨진 매력의 실체는 무엇인가? 그것은 다름 아닌 상상을 초월한 인간 경영이었다. 그가 추구한 인사 방식의 사상적 본질은 합리주의와 실용주의다. 그도 사람인지라 인간적인 번민과 고뇌와 욕심이 없을 수 없으련만, 자신을 제어할 수 있는 심리적 구조를 지닐 수 있었다. 조조는 언제나 인간에 대해 뜨거운 애정을 바탕으로 현실을 합리적이고 실천적인 방향으로 변화시키려고 했다. 조조는 한 개인적인 영웅으로서가 아니라, 동양 사회에서 합리주의와 실용주의를 결합한 최고의 실천가 중 한 사람이었다.

자신을 제어하고 계획을 세우다

그는 자신의 감정을 자제하고 치밀한 계획에 따랐으며, 지난날의 사사로운 원한은 염두에 두지 않았다. 그가 마침내 조정의 대권을 완전히 장악하고 건국의 대업을 이룩할 수 있었던 것은, 오로지 총명과 책략이 어느 누구보다도 뛰어났기 때문이었다.

조조는 달랐다. 그는 뛰어난 재주와 원대한 책략을 지니고 있었다.

때를 맞추어 결단을 내림에 머뭇거리지 않으며, 군법이 일사불란하고 병사도 정예들이었다. 또한 예상 밖의 인물들을 등용하여 적재적소에 두었는데, 모두 각자의 역량을 다 발휘하였다.

젊은 시절에 내공을 쌓다

양생법이나 방약에 대한 관심은 나이가 들어서도 가질 수 있는 것이라고 치더라도, 초서와 음악, 바둑 같은 것들은 오랜 기간 노력을 쏟아야만 상당한 고수의 위치에 오를 수 있다. 결국 이처럼

악인의 매력을 훔쳐라

다방면에 걸친 조조의 능력은 그가 소년 시절을 그저 사냥이나 방탕으로만 보내지는 않았다는 반증이 된다.

천하의 지혜를 모으다

조조는 오직 재능이 있는 사람을 천거할 것을 명했는데, 여기서 그의 정치력을 엿볼 수 있다. 때문이다. 조조는 다음과 같이 말한다.

"오늘날에도 세간에 강태공 여상처럼 속으로는 뛰어난 재주를 품었으면서도, 겉으로는 잠방이를 거치고 위수가에서 낚싯대나 드리우고 있는 그런 사람이 없지는 않을 것이다. 오직 재능이 있는 사람을 추천하라. 나는 그들을 중용하겠노라."

조조는 옥에 조금 티가 묻는 것을 상관하지 않았다. 언제나 이상을 추구했지만, 본질적으로 철저한 리얼리스트였기 때문이었다. 고루한 과거의 인습에 얽매이지 않고 현실을 변화시키기 위해 모든 노력을 다 기울였다. 인재를 등용함에서도 마찬가지였다.

"무릇 품행이 바른 사람이라고 해서 반드시 진취적인 것은 아니요, 진취적인 사람이라고 해서 반드시 품행이 바른 것도 아니다. 결점이 있다 한들 어찌 버려둘 수 있겠는가? 그대들은 이러한 도리를 익히 살펴 묻혀버리는 사람이 없도록 할 것이며, 관에서도 일을 소홀히 함이 없도록 하여라."

비천한 신분이나 사소한 인격적 결함에 구애받지 않고 진취적인 능력만 있다면 등용하겠다는 조조의 방침은, 중국의 오랜 문관 제도에 비추어 보면 대단히 혁명적인 조치였다. 이는 덩샤오핑의 인사 정책과 동일하다.

"그는 쥐를 무척 잘 잡지만 틈만 나면 음식을 훔쳐 먹는 고양이나 마찬가질세. 음식을 훔쳐 먹는 것이 밉상이긴 하지만, 그리 큰 손해는 아니거든. 게다가 쥐를 다 잡았으니 우리 집 창고야 별 탈이 없지 않은가!"

조조는 큰 틀에서 보았을 때 도덕성 면에서 우위에 있는 사람보다는 실력을 갖춘 인물을 얻고 싶었던 것이다.

작은 시냇물은 조그만 흙탕에도 금방 더러워져 본래의 빛깔을 잃어버리지만, 커다란 강물은 사소한 잡동사니가 섞인다고 해도 제 빛깔을 잃지 않고 흘러간다. 가을철 들판을 황금빛으로 물들이는 벼들도 오줌이나 똥과 같은 지저분한 것들과의 조화 속에서 풍성한 수확이 보장되는 법이다.

조조는 역사적으로 볼 때 왕업과 제왕의 패업을 이룩한 사람들은 죄인이나 비천한 사람들도 과감하게 등용했었다는 사실을 간파하고 이를 실천에 옮긴 것이다. 한 가지 수완이 있으면 그 한 가지에 해당하는 임무를 맡기면 그만이었던 것이다.

조조의 이러한 방침은 중국 역사상 어느 누구에 의해서도 실현되지 않은 창조적이고 독특한 정책이었다. 여기에서 현실을 대하는 그의 철저한 리얼리스트적 면모가 잘 드러난다. 조조는 이렇게도 말한다.

"나는 무능한 사람과 싸움에 용감하지 아니한 자들에게 녹과

악인의 매력을 훔쳐라

상을 주고서도 공을 세우고 나라를 일으킨 자가 있다는 말을 아직까지 들은 적이 없다. 나라가 안정이 되었을 때는 덕행을 높이 사야겠지만, 어지러울 때는 공과 능력을 중시하여야만 한다.

리얼리스트에게 이상이 없는 것은 아니다. 리얼리스트는 저기 멀리 보이는 이상을 달성하기 위하여 지금 당장은 눈앞에 보이는 현실에 충실하는 것이다. 조조는 천하통일이라는 장구한 이상적 목표를 가슴 속에 품고 있었지만, 끊임없이 변화하는 세계와 마주하여 언제나 능수능란하게 자신을 변화시켜 나아가려고 노력하였다.

작은 일에 충실하다

조조는 옛날 양읍에서 군대를 일으킬 생각을 품고 대장장이와 함께 작은 칼을 만들고 있었다. 그때 북해에서 손빈석이라는 사람이 찾아와서 조조가 하는 모습을 보고는 빈정거리면서 말했다.

"대군을 모집하려고 한다는 사람이 고작 풀무장이와 어울려 칼이나 만들고 있단 말인가?"

그때 조조는 이렇게 대답했다.

"작은 일을 능히 할 수 있어야 큰일도 잘하는 법이 아니겠소? 뭐 잘못된 것이 있습니까?"

지원자를 만나다

위진은 위자의 아들이었다. 위자야말로 조조에게는 회한의 인물이었다. 조조가 동탁의 전횡을 성토하기 위하여 진유에서 처음 의병을 일으켰을 때였다. 위자는 당시 진유의 명망가로 익히 알려진 인물이었으며 집안 형편도 넉넉했다. 조조는 이러한 위자를 찾아가 의병을 일으키는 일에 대해서 자문과 도움을 청했다. 이때 위자는 조조를 보고 은근히 속으로 찬탄해 마지않았다.

'그래, 이 사람은 반드시 천하를 평정할 거야.'

이렇게 생각한 위자는 조조에게 여러 가지로 조언을 아끼지 않았다.

위자는 집안의 재산을 모두 털어 기병에 따른 자금을 조달하였고, 조조는 그의 도움으로 3,000명의 병사를 모아 중원 평정의 첫발을 내디딜 수 있었던 것이다.

전장에서 책을 읽고 시를 지었던 이상주의자

조조는 목숨을 건 전투를 치르고 나서도 막사로 돌아와 휴식을 취할 때면 언제나 손에 책을 들고 보았다고 한다. 또한 적을 공격하기 위하여 떠난 원정길에서도 높은 산에 오르거나 감흥이 치솟아 오르면 시를 짓곤 하였다. 조조는 그가 원하는 방향으로 현실을 바꾸기 위해 철저한 리얼리스트가 되기를 마다치 않았지만, 언제나 그 마음속에는 인간적인 감성이 넘실거렸다. 그 때문에 그는 선인들의 지혜를 본받고자 했으며, 이것을 곧잘 시로 나타내곤 하였다. 그가 즐겨 읽었던 책은 논어였다고 한다.

악인의 매력을 훔쳐라

조조의 성격

조조는 생각과 행동을 일치시켰던 사람이다. 그것이 그의 최대 강점이다. 그래서 그는 실제 생활에서도 근검과 절약을 강조하여 한 벌의 옷을 10년 동안 꿰매 입기도 했다. 또한 조조가 강조하는 또 하나의 미덕은 겸손과 양보이다.

실존 인물 조조는 중국 한나라 말 실타래처럼 얽히고설킨 군웅할거의 소용돌이를 잠재우고, 그나마 백성들로 하여금 살아갈 수 있는 터전을 마련했던 가장 대표적인 인물이다.

조조의 매력을 훔쳐라

조조의 가장 뛰어났던 점은 자신의 감정을 제어하고, 치밀한 계획을 세워 행동한 점이다. 또한 그는 과거의 사사로운 원한에 눈을 두지 않았다. 그는 총명했고 누구보다도 뛰어난 계략을 세울 줄 알았다. 조조를 따라 하고 싶다면 리얼리스트가 되는 것이다. 리얼리스트란 무엇인가? 그것은 현실주의자라는 뜻이다. 그의 경향은 인재를 뽑는 데서 알 수 있다. 그는 조금 흠이 있더라도 어떠한 임무를 맡길 수 있다면 그를 썼다. 그의 인재 등용 방식은 덩샤오핑의 백묘흑묘론을 닮았다. '쥐를 잡을 수 있다면 어떤 고양이든 좋다'는 뜻이었다. 그는 사사로운 것을 보지 않고 인재를 쓰고 맡겼다. 그것이 그를 크게 만들었다. 조조는 삼국지의 여러 이본에서는 영웅으로 손꼽힌다. 현실에서 아등바등하는 우리에게 조조는 너무도 큰 인물처럼 보인다. 하지만 우리도 가

끔씩 조조처럼 행동할 수 있다. 역사에 나온 조조의 행동을 따라 해 보자. 그는 전장에서 책을 읽고 시를 썼던 이상주의자이다. 한편 지독한 현실주의자이기도 했다. 그의 이중성은 우리에게 말하고 있다. '내 삶을 통해 당신의 삶이 바뀔 수 있겠는가?'

다시 한 번 조조의 삶을 읽고 그렇다고 말해 보자.

조조와 비슷한 인물

조조는 여백사를 죽이는 등의 행동으로 극악무도한 인물로 비치기도 한다. 나관중의 삼국지연의는 유비를 황실 정통의 주인공으로 그리기에 조조는 종종 간악한 인물로 묘사되곤 한다. 하지만 조조를 피도 눈물도 없는 악한으로 보기에는 무리가 있다. 실제로 조조를 진정한 영웅으로 그려내는 삼국지 본도 많다.

이런 조조와 비슷한 인물을 서양에서 찾아보면 단연 나폴레옹을 들 수 있다. 전장에서 책을 읽는다는 것이나 세상을 바꾸기 위해 노력했다는 점 등이 특히 그러하다. 전장에서 책을 읽는 정도라고 하면 나폴레옹과 조조가 얼마나 책 읽기를 즐겼는지를 알 수 있다. 그 정도면 책을 사랑했다고 말해도 과하지 않을 정도이다. 또한 나폴레옹은 직접 법전을 짓기도 하였으며, 조조 역시 시를 지어 자신의 감정을 표현한 점을 보았을 때 독서의 깊이를 알 수 있다. 나폴레옹은 전략의 천재라고도 불리는데, 조조 역시 전략을 세우는 데 매우 뛰어났던 점을 보면, 그들의 독서력과 천부적인 소질이 전쟁에서 승리하는 데에도 크게 영향을 미

악인의 매력을 훔쳐라

쳤다고 볼 수 있다.

　조조가 특별히 뛰어났던 부분은 임기응변 능력이었던 것 같다. 동탁을 죽이기 위해서 칼을 꺼냈을 때 그게 들통 나자 그는 보검을 바치기 위해서 그랬다고 변명하고 말을 타고 도망친다. 순간적인 판단력이 그를 구한 것이다. 여백사를 죽인 것도 마찬가지였다. 순간적인 판단으로 그는 살인을 저질렀지만, 또 한 번 목숨을 구했다. 병사를 다룰 때도 마찬가지였다. 그는 지친 병사를 이끌기 위해 순간적으로 떠오른 매실 이야기로 군사들의 사기를 진작시켰다. 적벽대전에서 관우에게 죽을 위기에 처했을 때도 순간적으로 옛정을 생각해 자신을 구해달라고 빌어서 목숨을 구한다. 이를 보았을 때 조조는 임기응변과 순간적인 판단에 천재적이었음을 알 수 있다.

　하지만 전투의 천재였다고 판단되는 나폴레옹과 조조 모두 좋지 않은 결말을 맞이했다는 점에서 그들은 모두 뛰어난 두뇌에만 의지하여 결국은 오만함에 빠져 실패했던 것이 아닌가 싶다. 나폴레옹은 유럽을 정복했지만 워털루 전투에서 패배하여 결국 세인트헬레나 섬에 유배되어 생을 마감하고 만다. 말년의 조조 역시 정신병에 걸려 괴로워하다가 숨을 거둔다.

진시황제

Mausoleum of the First Qin first

천하통일을 이루다

그는 잠재된 욕망과 불타는 원한을 가슴에 품고 통일을 위한 전쟁을 시작했다.

그는 통일이라는 목표를 위해서는 매수, 암살, 이간 등 수단과 방법을 가리지 않는 인물이었다. 결국 한나라, 조나라, 연나라, 위나라, 초나라, 제나라를 차례로 멸망시키고 중국 최초의 통일 제국을 이룩했다. 영토 면적이 300만㎢에 달하는, 중국 역사상 가장 강대한 통일 왕조인 진왕조를 건설한 것이다. 놀랍게도 그의 통일 사업은 불과 10년 만에 이룩된 것이었다. 평균 2년에 한 나라씩 정복했다고 볼 수 있다.

진시황은 중국 역사상 가장 두드러진 인물로, 군현 제도를 확립한 절대 왕권 중심의 통치자였다. 군현 제도는 진나라 멸망 이후에도 역대 중국의 왕조들이 모두 채택한 탁월한 행정 제도였다.

악인의 매력을 훔쳐라

진시황은 중국 전역을 36개 군으로 나누고, 각 군에 황제가 임명한 관리를 파견하여 행정을 담당하게 해 권력의 중앙 집중화를 꾀하였으며, 동시에 도량형, 화폐, 거궤, 문자를 통일하는 등 사회·경제·문화 제도까지 정비·통합하였다. 이렇듯 강력한 정책을 시행함에 따라 7국으로 병립해 있던 전국 시대의 분열에 종지부를 찍고 황제를 중심으로 하는 전면적 개편을 단행함으로써 중앙 집권 대제국을 탄생시킨 것이다.

최초의 황제

그는 무수한 최초를 남겼다. 그는 최초로 중국을 통일하였고, 최초로 통일된 정부의 통합 관리 체제를 만들었으며, 최초로 문자를 통일하는 작업을 단행했고, 최초로 도량형을 통일했고, 수레의 바퀴 폭까지 통일했다.

인류 최대의 건축물을 제작하다

중국을 방문하는 외국인이 가장 먼저 보고 싶어 하는 것은 만리장성이라고 한다. 1972년 미국의 닉슨 대통령은 북경 방문을 준비할 때 마오쩌둥에게 '아폴로 우주 비행사들이 달에서 식별할 수 있는 지구 상의 유일한 조형물은 만리장성이라고 하더라'는 말을 할까 고려했었다고 한다. 물론 그 말은 사실이 아니어서 그만두었으나 닉슨은 역사 깊은 유적지 만리장성에 대하여 대단한 호기심을 가졌음이 틀림없었다.

중국에서는 자국의 영토를 지키고 적국의 침입을 막기 위하여 국경을 따라 성벽을 쌓는 것은 흔한 일이었다. 전국 시대 연(燕)·제(齊)·조(趙)나라 등도 장성을 쌓았다. 기원전 221년, 천하를 통일하고 최초의 황제가 된 진시황제는 흉노족의 침입을 막기 위해 옛 장성을 보수·연결하고 새 장성을 쌓아서 대장성을 만들었는데, 그 장대함으로 '만리장성'이라 불리게 되었다. 이 성의 실제 길이는 서쪽 감숙 지방으로부터 동쪽 요동 지방까지 2,400km에 달했다. 이보다 남쪽에 위치한 현재의 만리장성의 총 길이는 5,000km다. 이 장성이 현재의 규모로 된 것은 명나라 때로, 몽골의 침입을 막기 위한 것이었다.

진시황제는 장군 몽염에게 북방의 흉노를 내몰고 장성을 쌓게 했는데, 완성될 때까지 10년이 넘는 공사를 벌였다. 덕분에 만리장성은 그 군사적 가치보다는 오히려 축성하면서 진시황제가 보인 압정으로 더 유명해졌다. 처음에는 흉노 침입을 막는 변방 수비병들이 축성 작업을 맡았다. 그러나 진시황제는 죄수들을 보내서 공사에 투입하고 드디어는 정부에 불만을 품은 자까지 모두 공사장에 몰아넣었다.

세계의 역사는 남쪽의 농경민족에 대한 북쪽 유목민족들의 끊임없는 침공과 방어의 전쟁으로 점철되었고, 이 양대 세력의 순차적인 흥망과 성쇠에 따라 대륙의 판도와 왕권의 교체가 이루어져 왔다. 이렇게 볼 때 만리장성이야말로 농경민족과 유목민족의 양대 세력이 맞부딪치며 치열한 각축전을 벌여온 것에 대한 최대의 상징물이라고 할 수 있다.

진시황제와 비슷한 역사 속 인물 – 샤자한

타지마할은 무굴 제국의 수도였던 아그라 남쪽, 자무나 강가에 자리 잡은 궁전 형식의 묘지다. 무굴 제국의 황제였던 샤자한이 끔찍이 사랑했던 왕비 뭄타즈 마할을 추모하여 만든 것이다. 무굴 제국은 물론 이탈리아, 이란, 프랑스를 비롯한 외국의 건축가와 전문 기술자들이 불려 오고, 기능공 2만 명이 동원되어 22년 간 대공사를 한 결과물이다. 최고급 대리석과 붉은 사암은 인도 현지에서 조달되었지만, 궁전 내외부를 장식한 보석과 준보석들은 터키, 티베트, 미얀마, 이집트, 중국 등 세계 각지에서 수입되었다. 국가 재정에 영향을 줄 정도의 거액이 투자되었다고 한다.

아내의 죽음을 애도하며 22년 동안이나 그 무덤을 지었다는 한 남자의 시공을 초월한 사랑이 깃들었기 때문일까? 인도 이슬람 예술의 걸작 타지마할은 그야말로 시공을 초월한 절대적인 아름다움을 보여 준다. 순백의 대리석은 태양의 각도에 따라 하루에도 몇 번씩 빛깔을 달리하며 보는 사람의 넋을 빼놓고, 웅장한 건물은 중압감은커녕 오히려 공중에 떠 있는 듯 신비로우며, 건물과 입구의 수로 및 정원의 완벽한 좌우 대칭은 균형미와 정갈함을 느끼게 한다. 그리하여 왕의 사랑과 쏟은 정성에 보답이라도 하듯 '찬란한 무덤'이라 불리는 타지마할은 아름답기 그지없다. 사랑의 금자탑이라 부르기에 손색이 없는 모습이다. 붉은 사암으로 된 아치형 정문을 통과하면 넓은 뜰에 수로가 있는 무굴 양식의 정원이 펼쳐진다. 길이가 약 300m에 이르는 일직선의 수로 중앙에는 연꽃 모양의 수조가 있고, 분수가 물을 뿜어내고 있다. 수로에 비친 타지마할의 모습 또한 환상적이어서 수많은 사진가가 이곳에서 시간을 보낸다.

알렉산드로스 대왕
Alexander the Great

천재적인 전략가

사람들은 알렉산드로스를 천재적인 야전 지휘관이자 탁월한 전략가로 칭송했다. 그는 전투가 벌어질 때마다 단호한 자세를 취했고, 자신이 직접 전쟁을 매듭지으려 했다. 그러다 보니 위험에 처했다가 가까스로 죽음을 모면한 적도 많았지만, 그는 스스로의 행운을 믿었다.

악인의 매력을 훔쳐라

전설을 쓰다

알렉산드로스에 관한 수많은 전설 중 가장 널리 알려진 것은 고르디우스의 매듭이다. 알렉산드로스가 프리기아 왕국에 도달했을 때의 일화다. 프리기아는 고르디우스가 세운 왕국인데 그 아들인 미다스 대에 와서 크게 발전했다. 프리기아에는 마차 가로대가 아주 복잡한 매듭으로 기둥에 묶여 있었는데 이 매듭을 푸는 자가 아시아 전역을 지배할 것이라는 전설이 전해지고 있었다. 지나는 길에 이것을 본 알렉산드로스는 단칼에 그 매듭을 내리쳐 끊어 버렸다고 한다.

당대 최고의 전사

알렉산드로스는 왕의 아들로서 용맹을 갖추도록 교육받았고, 남자들로 구성된 친교 그룹에서 의례적인 음주법을 배웠으며, 마케도니아의 상류층 귀족들과 막역한 친분도 쌓아나갔다. 그는 명예와 위엄을 지키는 것이 생존의 필수 조건임을 알게 되었다. 알렉산드로스는 스승인 아리스토텔레스가 가르쳐 준 그리스 신화에 매료되었다. 그래서 원정에 나설 때면, 호메로스의 서사시 일리아스를 늘 지참했다. 그리고 트로이 전쟁을 다룬 역사책을 항상 머리맡에 두었다.

동서양을 통합하다

아시아 정복을 목표로 미지의 땅을 향해 출발한 지 10년이 지났다. 알렉산더는 지구 한 바퀴를 돌 수 있는 거리 3만 5천km에 달하는 동방 원정을 승리로 이끌었다.

그는 마케도니아, 그리스, 페르시아의 전통을 융합해 확고한 사회적 기반을 갖춘 왕국을 건설하고자 하였다. 기원전 324년 초 알렉산드로스는 수사에서 합동결혼식을 열어 자신은 물론이고 90명의 추종자로 하여금 이란의 상류층 여성들과 결혼하게 했다. 그리고 그리스 문명을 페르시아 인도와 교류시켰다. 그리스인과 비그리스인의 다양한 접촉은 이후 수백 년에 걸쳐 독자적인 문화 형태를 낳는 시발점이 되었다.

알렉산드로스 대왕의 매력을 훔쳐라

알렉산드로스 대왕은 영웅이면서 악인이다. 먼저 악인의 면모를 살펴보기로 한다.

세상에서 부러울 것 없이 태어난 정복자 알렉산드로스는 점점 술주정뱅이 폭군으로 변해 갔다. 점점 난폭하며 잔인한 모습으로 변해 갈수록 술에 의존하면서 술을 과하게 마셨다. 그는 수많은 연회를 열어 술 마시기 시합을 열었다. 그 시합에 참가한 사람들 중에 무려 41명이 죽어 나갔다고 전해진다. 그는 포도주 예닐곱 병 정도에 해당하는 4ℓ가량을 매일 마셨다고 한다. 한 번은 술자리에서 격한 감정을 참지 못하고 큰 실수를 저지르기도 했다. 알렉산드로스는 술이 거나하게 취하자 자기 자랑을 늘어놓으며 선왕 필리포스를 조롱하고 비웃었다. 부하 장군이자 죽

마고우인 클레이토스가 보다 못해 그를 말리며 선왕 편을 들자 화가 치밀어 오른 알렉산드로스는 그것은 반역죄에 해당한다며 벌을 받아야 한다고 경고했다. 그러자 클레이토스도 마음이 상해 그라니쿠스에서 자기가 알렉산드로스를 구하지 않았으면 이 자리에 있지 못했을 거라고 비아냥거렸다. 분노를 참지 못한 알렉산드로스는 옆에 있던 근위병의 투창을 빼앗아 클레이토스를 향해 던졌고 클레이토스는 그 자리에서 숨을 거뒀다.

한편 알렉산드로스 대왕은 오늘날로 보면 영웅이다. 그런 사람의 매력을 훔칠 수 있을까. '그 사람의 삶이 나에게 도움이 될 수 있을까.'라고 생각하는 사람이 많을 것이다. 하지만 그 사람의 당신이 삶에 도움이 될 수 있다. 그중 하나는 결단력이다. 이것 하나만 고쳐도 성공할 사람 많다. 우유부단하고 결정을 잘 못 내리는 사람에게 알렉산드로스 대왕은 큰 칼을 내리친다. 그 사건이 바로 고르디우스의 매듭을 단칼에 내리쳐 끊은 것이다. 사람들은 많은 곳에 엮여 있다. 그러다 보니 엮인 곳에서 벗어나지 못하고 마지못해 끌려가는 경우도 많다. 이런 곳을 알렉산드로스 대왕처럼 단칼에 끊어 버리는 것은 어떨까. 자신의 자유를 찾는데 많은 도움이 될 것이다.

알렉산드로스 대왕이 현대에 태어났다면? - 프로 게이머 임요환

현실 세계를 알렉산드로스 대왕이 지배했다면 가상 세계를 지배한 자는 프로게이머 임요환이다.

임요환은 세계의 모든 프로 게이머 중에서 가장 크게 성공한 스타크래프트 프로 게이머이다.

포털 사이트 '다음'에 개설된 그의 팬 카페에 가입한 네티즌의 수는 2004년 1월에 이미 40만 명이 넘었으며, 현재 대한민국에는 그의 경기를 모은 DVD가 발매되어 있다. 2000년 가을에 처음 데뷔한 이래 공식, 비공식을 포함한 경기에서 1,033전 603승 430패(58.4%)를 기록하고 있다. 이런 높은 승률과 인기로 2001년에만 해도 프로 게이머 중에서 가장 높은 연봉을 받고 있었다. 2004년에는 구미(歐美)의 E스포츠 웹사이트인 ES Reality의 독자로부터 사상 최고의 게이머로 뽑히기도 했다.

1999년 12월부터 경력을 쌓은 임요환은 당시 매우 약하다고 평가받던 테란을 주종족으로 뛰어난 전략을 사용하여 차례로 게임 대회를 석권하며 게임계에 두각을 나타냈다. 이 시기에 느린 이동 속도로 엄청난 저평가를 받고 있던 드랍십을 적극 활용하였으며, 상성상 매우 약한 마린(Marine)을 조종하여 다수의 럴커(Lurker)를 잡아내는 모습이 큰 화제가 되었다. 이 외에도 갖가지 그가 처음 선보인 전략들은 현재까지도 테란의 주요 전략으로 사용되고 있다. 그는 유닛 조종 능력, 전략성, 끈기 등을 통해 이기기 어려워 보이는 게임을 승리로 이끄는 것으로도 유명하다.

악인의 매력을 훔쳐라

클레오파트라

Cleopatra

책을 쓰는 엘리트 여성

클레오파트라는 여러 분야에 관한 책을 썼으며 철학 모임에서 열띤 토론을 벌였다. 또한 연인이었던 카이사르가 불완전한 로마력을 바로 잡으려고 하자 이집트의 가장 뛰어난 천문학자인 소시게네스를 보내 그를 돕도록 하는 등 율리우스력의 제정에도 기여했다. 클레오파트라는 아버지를 곁에서 지켜본 경험으로 국가 관리 능력을 쌓았다.

다양한 외국어를 구사하는 언어의 천재

18세에 왕위에 오른 클레오파트라는 프톨레마이오스 가문 출신으로는 최초로 이집트어를 구사할 수 있는 왕이었다. 그뿐만 아니라 플루타르코스에 따르면 그녀는 유대어, 아랍어, 시리아어, 메디아어, 파르티아어, 트로글로다이트어 등을 자유자재로 구사할 수 있었다고 한다.

분위기 연출의 천재

클레오파트라는 분위기를 연출하는 데 뛰어났다. 카이사르가 살해된 지 3년이 지났을 때 안토니우스를 만났다. 클레오파트라는 아프로디테로 변장해 배 위에서 그를 맞이했다. 갑판 위에서는 소년, 소녀들이 요정들과 에로스로 분장해 알몸으로 춤을 추었다.

카이사르 앞에 몸을 드러낼 때도 클레오파트라는 램프의 검댕으로 치켜세운 눈썹과 황토를 바른 입술, 그리고 헤나 염료를 바른 손을 가진 절세미인이 되어 있었다.

사치를 전략으로 이용하다

진주 수프 이야기는 클레오파트라의 내기에서 나왔다. 그녀는 안토니우스에게 단 한 번의 연회에 로마 제국 원로원이 지닌 재산의 10배에 해당하는 거금인 1,000만 세스테르티우스를 쓰겠다고 장담했다. 안토니우스가 내기에 동의하자 클레오파트라는 시종에게 술잔에 식초를 담아오라고 명령했다. 그녀는 귀에 걸고 있던 값비싼 진주 하나를 술잔에 떨어뜨리고는 나일 강물을 한 잔 부었다. 그리고 한입에 죽 마셔 버렸다. 악의에 찬 로마학자들에게는 퇴폐의 상징처럼 보였던 그녀의 이러한 행동은 상대방에 대한 우월감의 표시였다. 그녀는 자신의 지위를 이처럼 사치스러운 낭비를 통해 보여 준 것이다.

이는 또한 콧대 높은 로마 제국의 지배층을 깎아내리는 데 더

악인의 매력을 훔쳐라

할 나위 없이 효과적인 방법이기도 했다. 게다가 클레오파트라는 자연 과학 지식까지 겸비하고 있었다. 진주의 주성분은 석회석이라 식초를 포함한 모든 산에 잘 녹는다. 그 당시의 연회는 며칠 동안 계속되었으므로 식초가 진주를 녹일 시간은 충분했다.

안토니우스를 이용하다

안토니우스는 터키의 타르수스에서 그녀를 기다렸다. 거기에 클레오파트라는 금색 배에 은색 가마를 타고 붉은 돛을 달아 음악 소리에 맞춰 조용히 강을 거슬러 왔다. 그녀 자신은 황금 자수를 놓은 비단 양산 아래 에로스로 분장한 미소년을 양쪽에서 시중들게 하고 마치 비너스처럼 차려입고 앉아 있었다. 수많은 아름다운 시녀들이 바다의 요정 네레이스의 의상을 입고 뱃머리와 꼬리에 늘어서 있었다. 물가에 있던 시민들은 감격하여 이 모습을 지켜보았다. 나일 강의 비너스가 아시아의 행복을 위해 로마의 바커스 땅에 왔다는 소문이 퍼졌다.

안토니우스는 우선 클레오파트라를 식사 자리에 초대했지만, 한 수 위인 그녀는 먼저 자신이 있는 곳에 와 주길 청했다.

그날 밤 소문으로 듣던 것 이상의 호화로움에 로마 군인들은 완전히 얼이 빠졌다. 가득한 등불의 숫자와 아름다운 배치만으로도 안토니우스는 눈이 휘둥그레졌다. 다음 날도, 그다음 날도 마찬가지였다. 4일째 되는 날에는 바닥 한 면에 복숭아뼈가 잠길 정도로 장미꽃이 깔려 있었다.

감격해 하는 모습을 있는 그대로 드러내는 안토니우스를 보고 클레오파트라는 이 남자가 병사 출신의 미천한 신분이었음을 한 눈에 간파해버린다.

드디어 5일째에 클레오파트라를 만나게 된 안토니우스는 아무리 지혜를 짜내고 솜씨를 부려도 도저히 상대의 세련됨과 호사스러움을 능가할 수 없다는 사실을 깨닫는다.

마침내 클레오파트라는 안토니우스를 마음껏 조종할 수 있게 되었다. 안토니우스는 로마에 돌아가는 대신 그녀가 하자는 대로 알렉산드리아로 겨울을 보내러 출발했다. 흡사 용궁처럼 꿈같은 환락이 밤낮없이 이어졌다.

최후의 클레오파트라

옥타비아누스가 자신의 연인이 된다는 꿈에서 깨어버린 그녀에게 남은 길은 하나밖에 없었다. 며칠 후 한 백성이 무화과 바구니를 그녀에게 가지고 왔다. 보초병이 알아차렸을 때 클레오파트라는 이미 황금 왕좌에서 여왕의 옷을 입은 채 죽어 있었다. 바구니 바닥에 숨겨진 아스피스라는 독사에게 유방을 물린 것이다.

클레오파트라의 매력을 훔쳐라

클레오파트라는 여자들의 롤 모델이 될 수 있다. 클레오파트라처럼 다양한 언어를 천재적으로 구사한 여인은 없었다. 그녀를 닮고 싶다면 화장보다도 먼저 외국어 능력을 쌓는 것은 어떨까.

악인의 매력을 훔쳐라

그녀는 화술이 매우 뛰어났다는 이야기가 있다. 그것은 그녀의 화려한 외모보다도 말솜씨가 더 두드러지게 보였다는 이야기이다. 그녀는 또한 분위기 연출의 천재였다. 많은 여성들이 우아하게 보이고 싶어도 그렇지 못하는 경우가 많다. 그녀에게 분위기 연출을 배운다면 보다 우아하고 세련된 여성으로 거듭날 수 있을 것이다. 마지막으로 그녀에게 배워야 할 점은 그녀가 책을 쓰고 열띤 토론 모임에 나갔다는 것이다. 그것은 그녀가 얼마나 언어 능력을 다지기 위해 노력했는지를 알 수 있는 단적인 예이다. 미모보다도 빛나던 그녀의 화술을 닮도록 하자.

나폴레옹

Napoleon

예술을 사랑한 독재자

그는 시인 오시안을 좋아했고 은은한 조명과 저녁노을을 좋아했다. 그는 이탈리아 가수들이 소수의 현악기에 맞춰 노래하는 부드럽고 우수 어린 음악을 즐겨들었다. 음악을 듣고 나서는 꿈을 꾸는 듯 한동안 조용히 있었다. 그러면 함께 음악을 들었던 사람들은 모두가 미동도 하지 않고 침묵을 지켰다. 그는 이런 정적의 시간에서 휴식을 찾는 것처럼 보였다. 다시 제정신으로 돌아오면 그는 기분이 밝아져 이야기를 늘어놓았다. 시녀였던 클레어 드 레뮤사의 말이다.

그는 국가 통치자로서 모든 예술을 정치적으로 활용하고자 했다. 예술과 학문을 금지하기보다는 오히려 장려했으며, 지원금도 아끼지 않았다. 프랑스 혁명 기간에는 60명 이상의 작가와 저널리스트가 처형당했지만, 나폴레옹은 단 한 명도 체포하지 않았다.

조제핀과의 사랑

파리에 온 나폴레옹은 조제핀이라는 여인을 보고 그만 마음을 빼앗기고 만다. 놀라운 것은 그녀가 나폴레옹보다 6살이나 연상이었으며 아이가 둘이나 딸린 과부였다는 사실이다. 그럼에도 불구하고 나폴레옹이 조제핀에게 마음을 빼앗긴 이유는 무엇이었을까? 또한 나폴레옹에게는 자신을 애타게 기다리고 있는 데지레가 있지 않은가. 나폴레옹은 그 당시 유능했지만 일개 젊은 장교였고 조제핀은 사교계의 여왕으로 불리며 정부의 핵심 관료들과 애인 관계로 지내는 인물이었다는 점을 생각해 볼 때 나폴레옹이 먼저 접근했다는 쪽으로 무게가 기우는 것은 사실이다.

결국 나폴레옹은 1796년 3월 조제핀과의 결혼에 성공한다.

악인의 매력을 훔쳐라

나폴레옹의 유산

독일의 시인 하인리히 하이네는 '나폴레옹 그는 어느 모로 보나 신이다.'라며 그를 예찬했다. 하이네와 같이 나폴레옹을 숭배한 사람은 수백만 명에 이르렀다. 나폴레옹이 유럽의 각 나라 국민들에게 어떠한 희생을 요구했든 그는 죽은 지 100년이 지나도록 근대적인 통일 유럽의 대부이자 사회 정의의 수호자로 또한 진보의 대명사로 일컬어졌다.

프랑스 혁명이 이룩한 수많은 업적은 나폴레옹의 군대에 의해 전 유럽으로 전파되어 오늘날까지 이어지고 있다. 나폴레옹 법전의 일부는 유럽 각국의 법에 도입되었다. 나폴레옹이 실행에 옮긴 유대인 해방은 잠깐 동안만 철회되었을 뿐 1850년경에 다시 전 유럽에서 시행되었다. 배심 재판과 우측통행도 나폴레옹이 남긴 유산이다. 이처럼 나폴레옹은 근대적인 행정 시스템을 전 유럽에 전파했다.

나폴레옹은 1799년 쿠데타를 일으키고 프랑스에 새로운 통령 정부를 세운다. 통령 정부란 세 명의 통령이 나라를 다스리는 정부 형태를 말한다. 물론 나폴레옹이 제1통령의 자리에 오른 것은 두말할 필요도 없다.

나폴레옹이 저지른 악행들

프랑스에서야 나폴레옹을 영웅으로 받들지만, 그에게 침략당한 나라의 측면에서 볼 때 나폴레옹은 악랄한 침략자일 뿐이다.

특히 그는 점령지에서 이중적인 모습을 보여 주었다. 처음에는 귀족에게 억눌려 있던 유럽의 부르주아지와 민중을 해방해 주겠다고 외쳤으나 나폴레옹 역시 점령국에서 갖은 횡포를 부리며 온갖 악행을 저질렀다.

나폴레옹의 매력을 훔쳐라

나폴레옹의 뛰어난 점은 예술을 사랑했던 것이다. 네로 황제 역시 예술을 사랑했던 독재자였지만, 나폴레옹은 그와는 달랐다. 그는 언제나 황제였지 자신을 예술가로는 생각하지는 않았다. 나폴레옹은 수많은 업적을 남겼다. 그중 하나가 나폴레옹 법전인데 그것은 유럽 여러 나라에서 일부 쓰인다고 한다. 그것은 그의 엄청난 독서량을 보여 준다고 볼 수 있다. 광적인 그의 독서와 예술을 사랑하는 마음은 이중적인 것으로 보이지만, 실상 하나의 물길로 흐르고 있다고 볼 수 있다. 하이네의 말에 의하면 나폴레옹은 신이었다. 그의 삶을 어떻게 닮을 수 없을까. 그것은 일반인에게 낡은 무기와 최신식 대포와도 같은 거리에 있다. 하지만 비록 낡은 무기로 태어났을지라도 우리는 대포를 보며 무엇인가 얻어가는 것이 있다. 그것은 바로 삶에 대한 열정이다. 나폴레옹은 누구보다도 열정적인 삶을 살았다. 우리가 배워야 할 점은 바로 그것이다. 삶에 대한 열정과 사랑이 열렬했기에 누구보다도 빛나는 삶을 살았다.

악인의 매력을 훔쳐라

나폴레옹이 현대에 태어났다면? - 정주영

나폴레옹의 현대적 버전으로는 정주영을 꼽을 수 있다. 천하의 나폴레옹을 정주영에 비유하는 데는 이유가 있다. 정주영은 젊은 시절 나폴레옹의 자서전을 반복하며 읽어 가며 그 정신을 배웠다고 한다. 정주영의 추진력과 돌파력은 모두 나폴레옹에게서 배운 것이기도 하다. 그는 '해보기나 했어?'라는 말을 달고 살았다고 하는데, 정주영의 이런 돌파 정신을 볼 수 있는 일화가 있다.

1971년 9월, 정주영은 우리나라에서는 최초로 조선소를 만들기로 작정했다. 정주영이 경영하고 있던 현대 건설은 기계·전기 관련 기술자들이 많았는데, 이들을 인적 자원으로 활용해 수억 달러짜리 배를 우리나라에 앉아서 만드는 것이 해외 건설 현장에 나가서 돈을 버는 것보다 안전하다는 판단이 들었던 것이다.

건설 기술자로서 정주영이 보기에, 조선이라는 것이 건설과 별반 다를 게 없었다. 큰 철판을 구부려 배 모양을 만들고 그 안에 배를 움직일 각종 기계를 집어넣으면 된다는 것이 정주영의 생각이었다.

결심이 서면 바로 움직이는 것이 정주영의 장기다. 정주영은 실무 작업에 들어갔다.

조선소 건설에는 약 8,000만 달러 정도의 돈이 필요했다. 요즘에야 8,000만 달러라면 큰돈이 아니지만 당시의 8,000만 달러는 거금이었다. 당시 국내의 달러 사정은 아주 열악했고, 도통

돈 빌릴 곳이 없었다. 게다가 정주영의 조선 사업 구상에도 별 관심들이 없었다. 정주영은 일본 미쓰비시 상사에서 돈을 빌리려고 했다. 그러나 당시 미쓰비시는 중국과의 수교를 눈앞에 두고 있던 일본의 사정 때문에 돈 빌려주기를 꺼렸다.

한번 마음먹으면 포기하지 않고 끝까지 밀어붙이는 것이 정주영이다. 그는 자본 유치를 위해 영국 런던으로 날아갔다. 런던은 뉴욕, 프랑크푸르트와 더불어 세계의 돈이 몰려 있는 금융의 도시가 아닌가.

그러나 정주영이 들고 간 것은 조선소를 지을 미포만의 소나무가 서 있는 황량한 모래사장을 찍은 사진이 전부였다. 런던과 같은 선진 금융 도시에서 사진 한 장을 갖고 차관을 얻는다는 것은 불가능한 일이었다.

그는 차관을 얻기 위해 이리저리 뛰면서 방법을 강구했다. 가만히 보니, 세계 금융계를 지배하고 있는 은행들은 한결같이 영국의 버클레이즈 은행이 하는 대로 따라 움직이고 있었다. 말하자면 버클레이즈가 런던의 은행가를 이끌고 있었던 것이다. 버클레이즈를 설득하는 것이 중요했다.

한데 버클레이즈 같이 큰 은행은 주먹구구식으로 돈을 빌려주는 곳이 아니었다. 돈을 빌리기 위해서는 거기에 맞는 영국식 사업 계획서와 추천서가 필요했다. 정주영은 런던의 'A&P 애플도어'라는 회사에 사업 계획서와 추천서를 의뢰했다. 타당성 있는 사업 계획서와 추천서가 있어야만 은행의 돈을 빌릴 수 있었

악인의 매력을 훔쳐라

기 때문이다.

A&P 애플도어 측은 국동에서 온 이름 없는 사업가에게 의구심을 품었다. 결국 그 회사의 롱바톰 회장과 정주영이 만났다. 롱바툼 회장도 후진국에서 온 이 사업가의 능력에 의구심을 품고 있었다.

"아직 배를 계약할 선주도 나타나지 않은 입장이라 차관 도입은 어려울 것입니다. 사실 버클레이즈 은행 처지에서 볼 때는 한국의 상환 능력에 의문점이 많거든요."

롱바톰 회장까지 회의적인 태도로 나오자, 정주영은 호주머니에서 500원짜리 지폐를 꺼냈다.

"여기에 거북선이 그려져 있습니다. 이것은 우리 한국이 1500년대에 철갑선을 만들었다는 증거입니다. 당신네 영국의 조선 역사는 대략 1800년대부터라고 할 수 있는데, 그에 비하면 300년이나 한국이 앞선 셈입니다. 그만큼 한국은 조선 분야에서 대단한 잠재력이 있습니다. 다만 쇄국 정책 등으로 산업화가 늦어져 국민의 능력과 아이디어가 녹슬었을 뿐 잠재력은 아직도 그대로 보유하고 있다고 자부합니다."

정주영의 말에 감동한 롱바톰은 버클레이즈 은행 부총재를 만날 수 있게 해주었다. 버클레이즈 은행의 해외 담당 부총재와 식사 약속이 잡혔다. 차관 교섭의 마지막 단계였다. 버클레이즈 은행 부총재는 식탁에 앉자마자 대뜸 물었다.

"당신의 전공이 뭡니까?"

초등학교밖에 나오지 않은 정주영이다. 그에게 전공이라니…

"부총재님, 우리가 제출한 사업 계획서를 읽으셨습니까?"

"물론 자세히 검토했습니다. 아주 완벽하고 훌륭했습니다만…"

"그 사업 계획서가 내 전공이오. 사실은 내가 어제 옥스퍼드 대학에 갔었습니다. 그 사업 계획서를 검토해 보고 학위를 달라니까 한번 들춰보고는 군말 없이 학위를 줘서 어제 경제학 박사 학위를 받았지 뭡니까. 그 사업 계획서가 바로 내 학위 논문입니다."

정주영의 대단한 농담이었다. 구구하게 자신의 학력이 초등학교밖에 안 되었으나 사업 경험은 누구보다도 많으니 인정해달라는 식의 이야기를 하지 않은 것이다. 정주영의 뱃심이다.

일시에 좌중에서 웃음이 터져 나왔다. 부총재는 고개를 끄덕였다.

"당신의 전공은 유머 같소. 우리 은행은 당신의 사업 계획서를 수출 보증 기구로 일단 보내겠소, 행운을 비오."

합격이었다.

악인의 매력을 훔쳐라

표트르 대제

Peter the Great

천의 얼굴을 가진 거인 황제

러시아 푸틴은 대통령 시절 집무실에 표트르 대제의 사진을 걸어 놓을 정도로 그를 존경했다고 한다. 표트르 대제는 17세기 당시 유럽 변방의 고립되고 낙후된 러시아 왕국을 북유럽 열강의 자리로 끌어올린 위대한 영웅이다. 러시아의 국왕을 일컫는 차르가 아닌 황제로 불린 첫 인물이기도 하다.

그런 표트르 대제가 러시아 대제국을 건설할 수 있었던 원동력이 바로 그의 잔혹함 덕분이라고 보는 사람들이 많다.

위대한 영웅, 시대를 앞서간 개혁가라는 찬사를 받기도 하지만, 폭군, 협잡꾼, 술주정뱅이, 배신자, 적그리스도, 호색한이라는 혹평도 늘 따라다닌다.

유럽 역사상 가장 많은 사생아를 낳은 군주

표트르는 스스로를 러시아 제국의 아버지라고 여기고 열심히 많은 아기를 낳아야 한다고 생각했던 것 같다. 결과적으로 그는 유럽 역사상 가장 많은 사생아를 낳은 군주라는 진귀한 기록 보유자이기도 하다.

상트페테르부르크

표트르 대제의 열성적인 응원 덕분에 10년 후 상트페테르부르크가 완성됐고 수도로 정해졌다. 러시아에서 두 번째로 큰 이 도시는 유럽 예술의 축소판이라고 할 수 있을 만큼 건축, 예술, 문화의 다양한 면이 살아 있는 곳으로 유명하다. 사람들은 상트페테르부르크를 보지 않고서는 유럽을 보았다고 말할 수 없다고 하였으며, 러시아의 대 문호 푸시킨은 유럽으로 열린 창이라고 표현했다.

그러나 상트페테르부르크 건설을 위해 무려 5만 명이 넘는 사람들이 죽었다. 어떤 전쟁에서도 이만큼 많은 사람이 죽은 적은 없었다. 이 때문에 상트페테르부르크는 '뼈 위에 세운 도시','피의 도시'라 불리기도 한다.

표도르 대제의 매력을 훔쳐라

그의 강점은 그의 다면적인 얼굴이다. 우리는 흔히 한 얼굴을 갖는다. 그리고 그건 실패로 이어지기 쉽다. 우리는 다면적인 얼굴을 가질 필요가 있다. 그래야 인간관계에서 강점을 지닌다. 어디로 변할지 모르는 사람은 사람들의 예측을 벗어나고, 그 결과

악인의 매력을 훔쳐라

승리를 이끌곤 한다. 때때로 우리는 변칙적인 모습을 보일 필요가 있다. 이는 보통 스포츠에서 자주 이용된다. 하지만 우리 일상생활 속에서도 다양한 모습은 강점을 지닌다.

카사노바
Casanova

바람둥이의 대명사

언제 어디서든 염문이 그치지 않았고, 항상 이야깃거리의 중심에 있었다. 기묘하고 외설스럽고 뻔뻔하고 제멋대로인 것이 그의 행동 양태를 표현해 주는 일반적 서술인 것이 사실이나 그런 부정적인 평가를 압도하는 것은 그가 지닌 재능과 해학이었다.

타고난 재능과 감각

1725년 로코코의 본거지 베니스에서 태어난 지아코모 카사노바는 타고난 재능과 감각으로써 앞서 열거한 로코코의 시대적 특징들을 모두 제 것으로 만들었다. 몽상가이면서 철저한 현실주의자였던 그에게 있어서 이 모든 시대사조는 일종의 도구에 불과했다. 그가 사조에 휩쓸린 것이 아니라 바로 그 한가운데 존재했었기에 하는 말이다.

폭넓은 교양과 엄청난 독서량

그의 교양의 폭은 대단했고 독서량은 엄청났다. 그는 고전에 심취했고, 특히 기원전 로마의 시인이었던 호라티우스의 시는 거의 다 외우고 있을 정도였다. 그가 가졌던 재능 중에서도 그를 카사노바답게 만들었던 가장 중요한 밑천은 대화술이었다.

탁월한 언어 감각에 기초한 말솜씨를 바탕으로 그는 유럽 전역을 휩쓸고 다니며 당시의 저명인사와 교류할 수 있었다.

천 명의 애인

카사노바가 스무 살이었을 때의 애인 숫자가 이미 수십 명이었다. 그런 추세가 유지되었다면 아니 실제로 기술이 늘고 솜씨가 좋아져서 그런 추세가 강화되었을 것이므로 말년에 애인이 천 명을 넘어섰다는 그의 주장은 전혀 허황된 것만은 아니었을 수도 있다. 그가 극적인 삶을 살 수밖에 없었던 이유 중 하나는 재기 넘치는 그를 묶어 놓을 만한 매력적인 직업이 그 시대에 존재하지 않았다는 점이다. 영혼이 자유로운 사람에게는 요즈음이라고 해서 나을 것도 없겠지만, 어쨌든 그는 당시의 의사나 변호사라는 직업에는 만족하지 못했다.

악인의 매력을 훔쳐라

그의 최후

그는 이제 예순네 살이 되었다. 지치고 병든 노인이 되었다. 그의 생애의 마지막 무렵에는 하루 10시간 이상씩 글을 썼다. 자신의 회고록을 보완하여 자신의 생애를 빠짐없이 정리하고 자신이 아는 몇몇 외국어로 번역하는 작업을 게을리하지 않았다. 그는 교제와 우정이 인간의 주된 과제라고 믿었던 사람이다. 세계를 움직일 만한 거창한 덕목도 아니지만, 세계를 파괴하는 유별난 이념도 아니다. 그는 그저 그 원칙들에 충실하게 살았다.

카사노바와 같은 가십의 대명사 - 신정아

신정아는 한때 '미술계의 신데렐라'로 불렸으며 성곡미술관의 큐레이터였고, 전 동국대학교 조교수이다. 2007년에 광주 비엔날레 공동 예술 감독으로 내정된 바 있다.

동국대학교와 2008 광주 비엔날레에 지원할 때 신정아는 1994년 캔자스(The University of Kansas)대에서 서양화와 판화로 학사 학위(BFA)를, 1995년 같은 대학에서 경영학 석사(MBA)를, 2005년 예일대에서 미술사로 박사 학위를 받았다고 기재하였으나 실제로는 중경고등학교를 졸업하고 캔자스대 서양화 학부 과정을 중퇴하였다. 2007년 본인은 다소 비정상적인 방법(학습 튜터 고용, 대리 출석)으로 캔자스대 학·석사, 예일대 박사 학위를 취득했다고 주장했지만 재판 과정에서도 학위 취득 사실이 확인되지 않아, 이 사건 이후로 대한민국 사회에서는 학위 검증 바람이 불었다.

노무현 정부 당시 변양균 전 청와대 정책실장과 부적절한 관계였다는 등의 가십성 기사가 쏟아졌고, 변 실장은 9월 10일 사임, 신씨는 2007년 7월 16일 미국으로 도피·잠적하였다. 9월 16일 돌아온 신씨는 공항에서 사문서 위조 및 업무 방해 혐의로 체포 영장을 발부받아 대기하고 있던 검찰 수사관들에게 바로 연행되어 서울서부지검에서 조사받았다. 조사 내용은 예일대학교 박사 학위의 진위 여부와, 동국대학교 교수 임용 및 광주 비엔날레 총감독 선임 과정에서 변양균 전 청와대 정책실장에게 청탁했는지의 여부였으며, 검찰은 미국 도피 경력(2007년 7월)이 있고, 증거를 인멸할 위험이 있다고 판단하여 체포 영장을 신청하였다. 그러나 9월 18일 서울서부지법은 도주 및 증거 인멸의 가능성이 없다며 검찰의 영장을 기각하였다. 그 이후 횡령 등의 혐의가 추가로 드러나 10월 9일 구속 영장이 재차 청구되고, 11일 영장 실질 심사에서 변양균 전 청와대 정책실장과 함께 구속이 결정되어 영등포 구치소에 수감되었다. 이후 18개월 만인 2009년 4월 10일 보석으로 풀려났다.

2007년 12월 27일 동국대는 예일대에서 신정아 씨의 "미술사 박사 학위 학력 확인 팩스"가 진본이라는 통보를 받았다고 밝혔다. 이는 '팩스' 자체는 허위가 아닌 예일대에서 보낸 것이 맞는다는 것을 뜻하고, 이에 예일대는 동국대에 사과를 표한다. 하지만 '팩스'만 진본이었을 뿐 신정아 씨의 박사 학위는 허위였음이 밝혀졌다.

악인의 매력을 훔쳐라

궁예

Gungye

관심법으로 사람을 사로잡다

진골 집안에서 태어났지만, '나라를 망칠 놈'이라는 예언과 함께 궁예의 모진 인생역정이 시작되었다. 그리고 놀랍게도 그는 타고난 힘과 재주로 사람을 모아 드디어 후고구려를 세우는 왕이 되었다. 그는 살아있는 미륵으로 자처했으며, 관심법이라는 특유의 술책으로 사람들을 휘어잡았다.

미륵보살을 자처하다

"도솔천의 미륵보살은 석가모니를 이어 중생을 구하러 세상에 올 것이다. 석가모니 열반 후 56억 7천만 년이 되는 때이다. 사람들을 저 위의 세상으로 데리고 올라갈 때, 그는 미륵불이 되어 있다."

불교에서는 이것을 미륵 상생 신앙이라 한다. 그런가 하면 미륵 하생 신앙이 있다. 세상이 너무 어지러워 도탄에 빠진 중생이 56억 7천만 년을 기다릴 수 없어지면, 미륵보살더러 어서 오라 탄원한다. 미륵보살은 그 간청을 저버리지 못하고 이 세상으로 내려온다. 혼란한 시기, 스스로 미륵이라 부르며 나타나는 이들은 대체로 이 신앙에 바탕을 둔 것이다. 우리 역사상 미륵을 자처한 예 중에서 두드러진 인물로 궁예를 들 수 있다. 901년에 개성에서 후고구려를 연 바로 그이다.

"궁예는 스스로 미륵불이라 부르며, 머리에 금빛 고깔을 쓰고, 몸에 방포를 입었다. 맏아들을 청광보살이라 하고, 막내아들을 신광보살이라 하였다. 외출할 때는 항상 백마를 탔는데, 채색 비단으로 말갈기와 꼬리를 장식하고, 동남동녀들을 시켜 일산과 향과 꽃을 받쳐 들고 앞을 인도하게 하였다. 또 비구 2백여 명을 시켜 범패를 부르면서 뒤따르게 하였다." 〈삼국사기〉

난세에 꽃핀 궁예의 능력

기구하게 태어난 영웅은 제가 받은 힘으로 난관을 헤치기 마련이다. 궁예도 마찬가지였다. 사실 그는 일개 승려로 살아갈 사람이 아니었다. 《삼국사기》에서는 그를 '승려의 계율에 구애받지 않는 뱃심'이 있었다고 평한다. 그러면서 이런 일화를 소개한다. 어느 날 제를 올리러 가는 길, 까마귀가 점치는 산가지를 물고 와서 궁예의 바릿대에 떨어뜨렸는데, 거기에는 왕이라는 글자가 쓰

악인의 매력을 훔쳐라

여 있었다. 궁예는 아무에게도 이 말을 하지 않고, 적이 자부심을 품고만 살았다. 그에게는 일찍이 이렇게 왕의 꿈이 심어졌다.

다행히(?) 시대는 어지러웠다. 특히 그가 세상에 나갈 마음을 먹은 진성여왕 5년(891) 무렵, 조정에서는 유력한 신하들 간에 패가 갈리고 도적은 벌떼처럼 일어났다. 절을 나선 궁예는 처음에 기훤의 휘하로 들어갔다. 그러나 기훤은 오만무례하였다. 이듬해 양길을 찾아갔다. 양길은 그를 우대하고 일을 맡겼으며, 군사를 주어 동쪽으로 신라의 영토를 공략하게 하였다. 아직 경험과 힘이 모자란 궁예로서는 '선배 반란군'에게 한 수 배울 필요가 있었던 것이다.

그러나 궁예가 출중한 솜씨를 발휘하여 우두머리로 올라서는 데는 그다지 오랜 시간이 걸리지 않았다. 절 문을 나선 지 3년 만인 894년, 궁예는 강릉을 거점으로 삼아 무려 3천5백 명 이상의 대군을 편성하였다. 이때의 그는 '사졸과 함께 고생하며, 주거나 빼앗는 일에 이르기까지도 공평무사하였다.'라고 《삼국사기》가 전해 준다. 당연히 사람들은 그를 마음속으로 두려워하고 사랑하여 장군으로 추대하였다.

궁예가 미륵보살을 자처하는 시기가 이즈음일 것이라고 말하는 연구자도 있다. 세달사의 분위기나 신라 말 강릉에 미륵 사상을 전하는 진표 같은 승려가 끼친 영향이 궁예의 통치술 구축에 일조하였다는 것이다. 이때의 미륵보살 궁예는 곤궁한 신라 말의 백성에게 그야말로 미륵 같은 존재였다.

세력이 커지자 태백산맥을 넘어 철원으로 그 거점을 옮겼다. 게다가 거기서 천군만마와도 같이 왕건이라는 뛰어난 부하를 얻었다. 본디 개성 출신인 왕건은 철원으로 와 896년부터 궁예의 휘하에서 혁혁한 전공을 올렸다. 왕건에 대한 호감 때문이었을 까, 궁예는 개성이야말로 한강 북쪽의 이름난 고을이며 산수가 아름답다고 생각했다. 그래서 다시 도읍을 개성으로 옮겼다.

후고구려를 세우다

궁예의 거침없는 기세 앞에 불편해진 이가 양길이었다. 제 밑에서 싸움질을 배운 피라미가 이제는 자신을 향해 칼날을 곤추세우고 있음을 알았다. 양길은 궁예의 힘을 꺾어놓아야겠다고 생각했다. 그러나 선수를 친 것은 도리어 궁예였다. 양길을 이기고 궁예는 가슴 가득 뜨거운 감정에 몸을 떨었다. 키워 준 어머니의 타박을 받고 절로 떠나던 초라한 시절의 자신이 떠올랐을 것이다. 그러나 이제 그는 왕이었다. 드디어 901년, 왕을 자칭하며 사람들에게 말했다.

"이전에 신라가 당나라에 청병하여 고구려를 격파하였기 때문

에, 평양의 옛 서울이 황폐하여 풀만 성하게 되었으니, 내가 반드시 그 원수를 갚겠다."《삼국사기》

이렇게 궁예 일생의 최전성기에 후고구려가 세워졌다. 견훤이 남쪽에서 후백제를 세운 1년 뒤의 일이었다.

궁예의 매력을 훔쳐라

궁예는 관심법으로 유명하다. 그가 진짜로 자신을 미륵으로 믿었는지, 쇼였는지는 확실치 않다. 하지만 그는 관심법과 자신이 미륵이라는 믿음으로 많은 백성을 사로잡았다. 궁예에게 배울 점은 이런 쇼맨십이다. 그는 자신을 미륵으로 세웠다. 이는 어처구니없는 일이었지만 본인은 개의치 않았다. 그 때문에 결국 몰락의 길을 걸었지만, 세파에 시달리는 많은 백성에게 관심법과 미륵 사상은 힘이 되는 일이었다.

루이 14세

Louis XIV

나는 태양이다

루이 14세는 세간에는 태양왕이라는 별명으로 알려졌다. 루이 14세는 왕권신수설, 즉 국왕의 권력은 신으로부터 받는 것이라는 학설을 지지했다.

루이 14세는 정사를 돌보는 한편, 사냥과 기마 경기를 개최하였고, 트럼프와 당구 그리고 춤을 즐겼다. 특히 루이 14세는 발레에 지대한 관심과 애정을 가지고 7세 때부터 직접 무용을 수련하여 최초의 직업 무용수로도 꼽힌다. 1653년 15세의 나이에는 밤의 발레에 '아폴로' 역으로 출연해 '태양왕'이라는 호칭을 얻게 된다. 또한 1661년 왕립무용아카데미라는 발레학교의 효시인 무용예술원을 설립하였다. 이러한 예술에 대한 애정과 노력으로 화려한 궁정 문화가 눈부시게 꽃피어 전 유럽의 왕가에 확산되었다. 루이 14세 정부는 극히 다양한 기술에 관한 특허장을 무수

악인의 매력을 훔쳐라

히 나누어 주었다. 그중에는 예컨대 맹트농 후작 부인이 약간의 자본을 투자한 경제적 난방 방식 같은 것도 있었다.

베르사유 궁전을 짓다

루이 14세는 자신의 신하가 자신보다 더 화려한 저택을 갖고 있다는 사실에 참을 수 없는 치욕을 느꼈다. 이는 곧 자신의 왕권이 실추되는 것과 같다고까지 생각하기에 이르렀고 베르사유 궁전을 짓기로 결심한다. 그는 당장 푸케의 보 르 비콩트의 저택을 지은 건축가들과 예술가들을 불러들여 자신의 절대 권력을 상징하는 궁전을 설계하도록 명령한다. 프랑스를 상징하는 베르사유 궁전의 역사는 이렇게 시작된다. 완성된 베르사유 궁전은 루이 14세의 소원대로 프랑스 절대 왕정의 상징물이 되었을 뿐만 아니라 전 유럽 문화의 중심으로 우뚝 서기까지 하였다.

퇴폐적이고 잔인했던 군주

루이 14세는 퇴폐적 성격의 소유자이기도 했다. 그래서 궁전을 타락의 장소로 만들어 이곳에서 여인들과 음탕한 행위를 벌이기 일쑤였다. 이에 참다못한 가톨릭 신부들이 루이 14세에게 음란한 행동을 자제해 달라고 부탁까지 해야 할 정도였다.

그런 가운데 1674년 그의 잔인성을 그대로 보여주는 일이 발생한다. 당시 루이 14세는 몸을 파는 창녀들을 저주한다며 그녀들의 코와 귀를 하나도 남김없이 도려내라는 명령을 내렸다. 병사들은 닥치는 대로 창녀들을 쫓아 루이의 명령을 수행했다고 한다. 그런데 루이 14세가 이러한 잔인한 행동을 벌인 이유가 가톨릭의 고해 신부들이 자신에게 "여자들을 데리고 죄를 반성하라"고 독촉한 것에 대한 분풀이 때문이었다고 하니 그가 얼마나 권위 의식과 자존심이 강한 인물이었는지 알 수 있다.

유럽의 중심으로 떠오르다

루이 14세 이전까지 프랑스는 유럽에서 두각을 나타내는 나라는 아니었다. 그러나 루이 14세가 집권하면서 프랑스는 유럽에서도 당당히 최고의 힘을 가진 중심 국가로 떠오르게 된다.

그의 마지막 유언

"너는 나처럼 이웃 나라와 싸우지 말고 평화를 유지하도록 하라. 그리고 백성들을 고통에 빠뜨린 나를 닮지 말고 부디 백성들이 고통을 덜어 주는 정치를 하도록 하라."

루이 14세의 매력을 훔쳐라

루이 14세의 장점은 자신감이다. 그것은 그가 '나는 태양이다.'라고 말한 것을 보면 알 수 있다. 그의 자신감은 하늘을 찔렀다. 그는 왕권신수설을 믿어 자신이 신으로부터 선택받은 왕이라고 생각하였다. 그의 자신감은 베르사유 궁전 건축에서 알 수 있다. 베르사유 궁전은 결국 유럽의 중심이 되었다. 그리고 프랑

악인의 매력을 훔쳐라

스 역시 유럽을 주도하는 국가가 되었다. 모든 것이 그의 자신감 때문이라고 말할 수는 없다. 하지만 그의 자신감이 한몫한 것은 분명하다. 실패로 좌절하고 있는 사람이라면 어깨를 펴고 자신감을 갖기 바란다. 아마 여러 번의 실패로 자신감을 잃었을 것이다. 이런 사람도 다시 태어날 수 있다. 자신감을 다시 가지고 어떤 일에 맞서면 내면에 다시금 힘이 솟아남을 느낄 수 있을 것이다. 루이 14세처럼 자신감을 갖도록 노력하자. 모든 일이 잘 풀려 갈 것이다.

한 무제

One untitled

전한의 전성기를 열다

중국 역사상 진시황제, 강희제 등과 더불어 중국의 가장 위대한 황제 중 한 사람으로 꼽히는 한 무제. 16세에 부황 경제의 뒤를 이어 황제에 올라 유학자 동중서의 의견을 수렴하여 유학을 국가의 학문으로 삼아 그 이념대로 나라를 다스리려 하였다.

실크로드를 건설하다

그가 즉위한 후 장건이 서역과 통하는 실크로드를 개척하기 시작하였다. 이후 치세 기간 중 실크로드 건설·개척 사업을 강력하게 추진하였고, 위청과 곽거병 등으로 하여금 흉노를 소탕케 하였다. 인재 채용에 조건과 자격을 가리지 않아 서역 출신 노예와 흉노 출신 노예 중에서도 인재를 등용하였다. 흉노를 소탕하면서 곽거병이 사로잡은 흉노족 왕자 출신 노예 김일제의 재능을 알아보고 적극 발탁하기도 했다. 그 외에 오경박사를 두어 유학에 중점을 두고 학문을 강하게 하였으며, 기원전 127년부터 황제의 여러 아들을 제후로 분봉하여 중앙집권화하였다. 그 외의 직할령은 전국을 13주(州)로 나누고, 주마다 자사를 두고 군수를 파견하여 감독게 하였다.

정벌하다

운하를 굴착하여 농지의 관개와 운송을 도왔다. 대외적으로는 장건을 대월지국으로 파견하고, 장군 위청, 곽거병, 이광 등에게 흉노를 토벌케 하며 흉노족 선우를 사살하고 다수 흉노족을 포로로 잡아 왔다. 기원전 119년에는 위청을 시켜 흉노를 외몽골로 내쫓고 오르도스 지방을 회복하여 2군을 두었다. 하서에 있던 흉노 혼야왕도 항복했으므로, 그곳에 4군을 두어 중앙아시아와의 교통로를 확보하였다. 서역 제국의 입공이 계속되었으나, 기원전 104년에는 이광리에게 명해 파미르 고원 북서에 있는 대

악인의 매력을 훔쳐라

완국을 정벌하게 했다. 흉노의 방위와 서역 유지를 위해 요지로 한인을 이주시키고, 또 둔전을 두었다.

실력에 따라 인재를 등용하다

권신이나 외척을 배제하고 실력에 따라 인재를 등용하였다. 출신 배경이 한미한 관료들이라도 능력이 있으면 등용했고, 흉노족 원정시 포로로 잡혀 온 김일제 등 이민족 포로 중에서도 능력이 되는 인재를 채용하였다.

한 무제의 매력을 훔쳐라

한 무제가 잘한 점은 실크로드를 건설한 것이다. 이는 외교를 한 발짝 진전시킨 건설적인 사업이었다. 중국에서는 비단, 칠기, 도자기 같은 물품과 양잠, 화약 기술, 제지 기술 등이 서역으로 건너갔는데, 특히 종이 만드는 기술이 서역으로 건너가서 중세 유럽의 암흑기를 밝혀 인쇄술 발달과 지식 보급에 원동력이 되었다. 또다른 장점은 실력으로 인재를 등용한 것이다. 이것은 쉽지 않다. 우리나라도 역사상 신라 골품제도 같은 것에 막혀 인재를 제대로 쓰지 못한 일이 많았다. 우리나라보다 훨씬 역사가 오래된 중국에서 이 같은 일이 먼저 실행된 것은 훌륭한 일이라고 볼 수 있다.

한 무제와 비슷한 역사적 인물 – 해상왕 장보고

실크로드를 건설하려는 한 무제의 노력은 해상왕국을 건설하려던 장보고의 노력과 흡사하다. 장보고의 본명은 궁복 또는 궁파로 '활을 잘 쏘는 사람'이라는 뜻이다. 후에 당나라로 건너가 대성이었던 장씨 성을 모칭하여 사용하였다. 일찍이 당나라 서주로 건너가 무령군 소장이 되었으나, 신라에서 잡혀간 노비의 비참한 처우에 분개하여 사직하고 귀국했다. 해적들의 인신매매를 근절하기 위해 왕의 허락을 얻어 1만의 군사로 해로의 요충지 청해에 진을 설치하고 가리포에 성책을 쌓아 항만시설을 보수, 전략적 거점을 마련했다. 그리고 청해진 대사가 되자 휘하 수병을 훈련해 해적을 완전히 소탕했다.

아틸라

Attila

훈족, 유럽의 역사를 바꾸다

406년에 태어난 아틸라는 어린 시절을 로마에서 보내며 라틴어를 배우고 라틴 문화를 익혔다. 당시 훈족은 다른 야만 부족처럼 제국의 용병으로 활약했다. 즉, 유럽인들 전투에 꼭 필요한 특전 부대였으며, 훈족의 생업은 전쟁이었던 셈이다. 하지만 아틸라의 생각은 조금 달랐다. 용병에 만족할 수 없었다. 그는 세상을 차지하고 싶었다.

아틸라는 가축과 고기와 모피 대신 돈, 즉 황금의 중요성을 깨닫고 있었다. 용병을 대여해 주는 것은 어리석은 짓이고 동로마, 서로마 두 제국을 협박해 현금을 뜯어내는 게 상책이라는 판단을 했다.

세계를 정복하다

아틸라는 훈족 최후의 왕이며 유럽 훈족 가운데 가장 강력한 왕이었다. 그런 만큼 서구인에게 아틸라는 공포의 대명사다. 무수한 이민족이 유럽을 침략했지만, 아틸라가 이끌었던 훈족만한 공포를 선사했던 것은 칭기즈칸의 몽골족밖에 없었을 것이다. 따라서 전사로서의 그의 자질은 개인의 능력보다는 훈족의 왕이라는 측면에서 평가되어야 한다. 야만족에 대한 서구의 온갖 편견과 날조에도 불구하고 그는 무지몽매한 싸움꾼이 아니었다. 그는 자기 민족의 강점과 약점을 정확하게 파악하고 있었으며, 신기술을 도입해서 전력을 보강하는 혁신가이기도 했다. 또 황금을 멀리할 정도로 강한 절제력이 있었고 자신의 운명에 대해 강한 자신감이 있었다. 무엇보다 그의 위대함은 유목 부족에 지나지 않던 훈족을 이끌어 거대한 국가를 건설했다는 점이다. 두려움과 황금으로 부하들을 통제한 점이나 자신들의 전투 스타

일에 맞는 전쟁 형태를 찾아낸 것 역시 그가 훈제국의 왕으로서 이룬 업적들이다. 자꾸만 뿔뿔이 흩어지려 하는 부족들을 엮어 내어 자신들이 가장 잘할 수 있는 방식의 전쟁으로 역사에 남은 것, 이것이 훈족 왕 아틸라의 진면목이다.

아틸라의 매력을 훔쳐라

아틸라에게 배울 점은 정확한 정세 판단에 있다. 그는 용병을 대여해 주는 것이 어리석은 짓임을 알았다. 그리고 동로마 서로마 두 제국을 협박해 돈을 뜯어내는 것이 민족을 부강하게 할 것임을 깨달았다. 그 후 훈족은 달라졌다. 그리고 그는 왕으로서 최대의 능력을 발휘했다. 그 결과 서구인에게 가장 강력한 공포를 느끼게 하는 왕이 될 수 있었다. 아틸라가 부럽다면 오늘부터 배워라. 아틸라는 한 국가를 다스렸지만, 당신은 자기 자신을 다스리고 있다. 자신의 약점과 단점, 자신이 오늘 무엇을 해야 하는지를 곰곰이 다시 생각해 보라. 정확하게 자신을 판단해 보라. 어떤 길을 가야 할지가 조금씩 떠오를 것이다.

비슷한 역사적 인물 – 최영 장군

황금 보기를 돌같이 하라고 했던 최영 장군과 황금을 멀리한 아틸다 왕은 비슷한 점이 있다.

안팎으로 혼란스럽던 고려 말, 최영은 밖으로는 외적의 침입을 물리치고 안으로는 고려 왕실을 지키려 한 명장군이자 재상이었다. 그러나 그는 새로운 시대의 흐름보다는 기존의 질서를 고집했고 원명 교체기 급변하는 중국의 정세를 제대로 읽어내지 못했다. 그리고 그 자신이 키워낸 새로운 무장 세력 이성계와 불화한 탓에 결국 그토록 지키고자 하였던 고려 왕실과 함께 역사의 뒤안길로 사라져야만 했다.

고려 말 환란을 해결하며, 동분서주한 해결사

최영은 고려 말 사헌부 간관을 지낸 최원직의 아들로 태어났다. 최영의 가문은 왕건의 고려 개창을 도운 철원 최씨 가문으로 그의 5대조 최유청이 고려 예종 때 집현전 대학사를 지냄으로써 고려의 유수한 문벌 가문 중 하나로 발돋움하였다. 최영은 어렸을 때부터 기골이 장대하고 풍채가 늠름했으며 용력이 출중하여 문신 가문에 태어났으면서도 병서를 읽고 무술을 익혀 무장의 길을 걸었다.

그가 무인으로서 첫발을 디딘 것은 양광도 도순문사 휘하에서 수차례 왜구를 토벌하면서부터였다. 이후 그는 공민왕 당시 왕을 압박하고 권세를 누리던 조일신을 제거하는 데 힘을 보태면서 출세하였다. 조일신은 공민왕이 원나라에 볼모로 잡혀 있던 시절 공민왕을 보필했던 공을 들어, 공민왕이 왕이 된 이후 그 방자함이 도를 넘어 왕권을 위협하는 지경에 이른 자였다. 안팎으로 국가의 위기를 해결하는 고려 왕실의 해결사로서의 최영의 일생은 이때부터 시작되었다.

최영은 원나라의 원군 요청에 따라 중국으로 출정하여 당시 중국의 상황을 파악하고 돌아오기도 하였다. 이는 원명 교체기 국제 정세를 이용하여 고려의 주권을 완전히 되찾아오기 위한 공민왕의 뜻이기도 하였다. 이후 공민왕의 뜻을 받든 최영은 밀직부사 유인우의 휘하에서 원나라에 맞서 싸워 100여 년간 빼앗겼던 함경도 일대 쌍성총관부의 땅을 되찾는 데 일조하였다. 이 쌍성총관부의 땅을 회복하는 과정에서 최영은 이자춘과 그의 아들 이성계를 만나게 된다. 이성계의 아버지 이자춘은 고려인이었지만, 쌍성총관부 지역의 원나라 관리로 있다가 공민왕 시기 고려 조정과 그 뜻을 같이하여 쌍성총관부 회복에 결정적인 역할을 하였다.

최영은 이성계와 함께 북으로는 홍건적을, 남으로는 왜구를 막아내며 고려를 외침으로부터 지켜낸 대표적 장군으로 활약하였다. 일본의 이키, 쓰시마, 기타큐슈, 세토나이카이 등을 근거지로 삼았던 왜구는 14세기에 이르러 근 40년 동안 한반도 해안을 끈질기게 괴롭혔다. 최영은 삼남 지역 해안에 창궐하는 왜구를 격파하여 백수 최만호라는 별명을 얻으며 왜구들의 공포 대상이 되었다. 또한 오랫동안 왜구에 시달렸던 삼남 지역 백성의 신망도 얻었다. 또 북쪽에서 침입한 홍건적을 물리치기도 하였다. 당시 중국에서 일어난 홍건적은 중국 본토에서 이민족 왕

악인의 매력을 훔쳐라

조인 원나라의 지배를 타도하자고 일어난 농민 반란 세력으로 이즈음 원나라 군대에 밀려 고려에까지 침략해 들어왔다. 홍건적은 머리에 붉은 수건을 두른다 하여 붙은 이름으로, 명나라를 세운 주원장도 한때는 홍건적이었다. 최영은 홍건적이 국경을 넘어와 서경까지 함락시키자 이방실 등과 함께 홍건적을 물리쳤고, 1361년에는 개경까지 점령한 홍건적을 격파하여 나라를 위기에서 구출하였다.

국외 세력의 외침에만 활약한 것은 아니었다. 최영은 국내에서 일어난 반란에도 고려 왕실의 보호자로서 해야 할 역할을 톡톡히 하였다. 공민왕을 시역하려 한 김용의 흥왕사 변을 진압하고, 공민왕의 반항에 위기를 느낀 원나라가 덕흥군을 왕으로 추대하여 보낸 군사 1만 명을 의주에서 섬멸하였다. 한때 최영은 신돈의 모략으로 6년간 유배 길에 오르기도 하였지만, 신돈 실각 후 공민왕의 부름을 받고 다시 중앙 무대로 진출하였으며, 전국 각지에서 왜구들을 격파하여 왕실과 백성들로부터 신망을 얻었다. 이렇듯 나라 안팎에서 일어난 환란에 최영은 동분서주하며 고려 왕실과 국가의 보호자로서 그 명성을 드높였다.

원명 교체기의 혼란을 노린 야심 찬 요동 정벌

고려의 명실상부한 명장으로 우뚝 선 최영은 내정에서도 그 위치를 확고히 해나갔다. 특히 공민왕이 죽고 이인임 등이 축출되고 나서, 풍전등화와도 같았던 위태로운 운명의 우왕을 보호한 것이 바로 최영이었다. 최영은 그의 서녀를 우왕의 비로 들여보내고 1388년에는 문하시중의 지위에까지 올랐다.

당시 중국은 원나라와 명나라가 교체되는 혼란을 겪고 있었는데, 그 여파가 고려에까지 미쳤다. 1368년 주원장이 화남을 통일하고 난징에서 황제로 즉위하면서 건국한 한족의 나라 명은 이미 그 세가 다한 원나라를 압박하면서 북벌을 개시하였다. 이에 원나라의 몽골인들은 중국 본토 지배를 포기하고 북쪽 몽골 지역으로 물러났다. 중국 본토를 차지한 후, 명나라는 원명 교체기의 혼란한 상황 동안 돌아보지 못한 이웃 나라들과의 관계를 돌아보기 시작했다. 그 중 하나로 명나라는 공민왕이 회복한 철령 이북의 땅을 다시 반납하라는 억지를 부리고 나섰다. 철령 이북의 땅은 원나라가 고려의 땅을 강제 점거하며 쌍성총관부를 둔 곳인데, 명나라가 이 지역에 철령위를 세우면서 이전의 원나라의 땅이었던 지역은 모두 명나라의 소유라고 주장하며 나선 것이다.

철령 이북의 땅을 수복할 때 전투를 치른 경험도 있었던 최영은 명나라의 말도 안 되는 요구에 반발했다. 최영은 건국한 지 얼마 되지 않은 명나라가 내정의 불안정으로 아직은 전쟁에 전력을 다할 수 없다고 판단하고 이 기회에 요동까지 쳐들어가자는 주장을 폈다. 그러나 최영과 마찬가지로 고려 말 잇단 외침을 잘

악인의 매력을 훔쳐라

막아내 민심을 얻고 있던 이성계는 최영의 주장에 반대하고 나섰다. 그는 시기가 군사를 움직이기 어려운 여름인 점과 북방으로 병력을 이동하면 남쪽에 왜구가 들끓을 것에 대한 우려, 소국이 대국을 칠 수 없다는 주장을 내세우며 최영의 요동 정벌론에 맞섰다.

풀이 나지 않는 무덤의 주인공

'황금 보기를 돌같이 하라'이는 최영이 남긴 말로 유명하다. 원래 이 말은 최영의 아버지 최원직이 최영이 16세쯤 되었을 때 죽으면서 남긴 유언이었다고 한다. 원래 성품이 강직하고 올곧았던 최영은 아버지의 말을 평생의 좌우명으로 삼아 이 글귀를 써서 곁에 두고 항상 되새겼다고 한다. 그래서인지 그는 고위 관직에 있을 때도 별다른 청탁이나 뇌물 사건에 휩쓸리지 않았다. 외적을 막고 고려 왕실을 보호하며 청렴하기까지 했던 최영은 그래서 온 나라의 백성으로부터 매우 존경받았다. 이성계가 권력을 잡고 나서 존경하는 선배 무장이었고 싸움터에서는 전우이며 그를 장군의 자리로 이끌어준 것과 다름없는 최영을 결국 참형에 처할 수밖에 없었던 것도 그의 이러한 국민적 인기 때문이었다고 한다.

유배지에서 개경으로 불려 온 최영에게 '무리하게 요동을 정벌하려고 계획하고 왕의 말을 우습게 여기고 권세를 탐한 죄'를 들어 참형에 처하려 하자, 최영은 평생에 있어서 탐욕이 있었다면 자신의 무덤에 풀이 자랄 것이고 결백하다면 무덤에 풀이 자라지 않을 것이라고 유언을 하고 최후를 맞이하였다. 그리고 실제로 그의 무덤에는 오랜 세월 동안 풀이 자라나지 않았다.

칭기즈칸
Genghis Khan

탁월한 지도력을 발휘하다

1206년은 몽골 및 세계의 역사에 전환점이 되는 해였다. 몽골족은 스텝 지역 밖으로 출정할 준비가 되어 있었고, 몽골 자체도 새로운 조직으로 재정비되었다. 칭기즈칸의 탁월한 지도력으로 인해 통일된 몽골족이 존재하게 되었고, 몽골족은 많은 변천 과정을 거쳐 오늘날까지 그 형태를 유지하고 있다.

믿을 수 있는 군인을 선발하다

몽골족의 야망은 스텝 지역 밖으로까지 세력을 확장해 나가는 것

악인의 매력을 훔쳐라

이었다. 칭기즈칸은 세계 정복의 원대한 야망을 실현할 준비가 되어 있었다. 새로운 몽골국은 무엇보다도 전쟁을 치르기 위한 조직으로 정비되었다. 칭기즈칸의 군대는 10진법 체제로 나뉘어 엄격한 기강을 유지했고, 보급품과 군비를 갖추었다. 부장들은 칭기즈칸의 아들이거나 그에게 절대 충성을 바치는 선발된 사람들이었다.

속임수도 병법이다

몽골군은 고양이와 제비의 꼬리에 솜뭉치를 매달아 불을 붙인 뒤 풀어 주었다. 제비와 고양이는 본능적으로 자기들의 둥지를 찾아 성안으로 찾아 들어갔다. 잠시 뒤 여기저기서 연기가 피어 올랐다. 얼마 안 가 불어오는 강풍에 성 전체가 불타올랐다. 칭기즈칸은 성벽 너머에서 불구경을 하며 환하게 웃었다. 삼국지의 적벽대전에 비할 만큼 탁월한 전략 전술이라 하지 않을 수 없다.

유연한 무기를 사용하다

칭기즈칸은 군사적으로 탁월한 재능이 있어서 급속하게 변하는 외부 환경에 잘 적응했다. 처음에 그의 군대는 사료가 필요 없는 튼튼한 초식 동물인 몽골 조랑말을 타는 기병으로만 구성되어 있었다. 이러한 군대로 다른 유목민들은 패배시킬 수 있었지만, 도시들을 함락시킬 수는 없었다.

그러나 곧 몽골족들은 규모가 큰 성읍도 투석기, 쇠뇌, 사다리와 끓는 기름 등을 사용하여 함락시킬 수 있었고, 흐르는 강물을 다른 데로 돌려놓아 홍수가 일어나게 하는 방법을 사용하기도 했다. 정착 문화를 가진 국가와 접촉하게 되면서 칭기즈칸은 서서히 공격, 파괴, 약탈보다 더 멋지게 권력을 향유하는 방법이 있다는 것을 알게 되었다.

유능한 참모를 모으다

칭기즈칸에 대항했던 마지막 몽골 부족인 나이만의 한 신하는 그에게 문화의 유용함을 일깨워 주었고, 몽골어를 문자로 정착시키는 일을 도와주었다. 〈몽골 비사〉에 따르면 1222년 말 아무다리야 강과 시르다리야 지역에서 호라즘 샤 왕조와 전쟁을 벌였을 때, 칭기즈칸은 이슬람 출신의 측근으로부터 성읍의 의미와 중요성을 배우게 되었다.

한때 금나라의 신하였던 또 다른 측근인 야율초재는 농민과 장인들이 생산해내는 물품은 과세의 대상이 될 수 있음을 일러주었다. 칭기즈칸은 당초 중국 북부의 비옥한 전답들을 말의 목초지로 만들 생각이었던 것이다.

정복 활동을 하다

무자비하고 잔인한 정복자의 모습으로 알려졌기도 하지만, 칭기즈칸은 몽골에서 영웅이자 국부로 추앙받는다. 칸이 되기 이

전에 중앙아시아의 투르크-몽골 연맹을 통합하여, 흩어져 있던 부족들에게 동질감을 심어 주었다. 세계에서 가장 큰 제국 중의 하나를 건설한 칭기즈칸은 역설적으로 가장 넓은 지역에 전쟁의 처참함을 가져온 후에 가장 분쟁이 적은 평화의 시기를 가져왔다고 평가되고 있다.

수많은 정복을 통하여 서하와 금에 이어 중앙아시아의 호라즘 제국을 포함한 무수히 많은 나라를 합병하였다. 칭기즈칸은 몽골 제국의 기반을 마련하였고, 역사에 지워지지 않는 기록을 남겼다. 몇 세기 동안 유라시아 대륙의 넓은 영토를 통치했던 몽골 제국은 몽골 제국에 의한 평화 시대를 이루고, 인구학과 지정학적으로 큰 변화를 일으켰다. 몽골 제국의 영토는 현대의 몽골, 중국, 러시아, 벨라루스, 우크라이나, 몰도바, 아제르바이잔, 아르메니아, 그루지야, 이라크, 이란, 카자흐스탄, 키르기스스탄, 우즈베키스탄, 타지키스탄, 아프가니스탄, 투르크메니스탄, 쿠웨이트, 터키, 키프로스, 시리아 일부를 포함할 정도였다.

하지만 죽음을 예감하고 있던 칭기즈칸은,
"나의 죽음을 알리지 마라. 적이 알지 못하도록 절대로 곡을 하거나 애도하지 마라. 탕구트의 군주와 백성들이 기간에 맞추어 밖으로 나오면 그들을 모두 없애 버려라!"라는 말을 남겼다. 그렇게 1227년 8월 15일, 칭기즈칸은 죽었다.

칭기즈칸의 현실 이해

몽골 정복의 역사는 이 같은 형식을 그대로 드러내고 있는데, 이러한 정치적 갈등과 긴장을 배경으로 하여 칭기즈 칸의 생애가 검토되어야 한다. 그는 자신 부족들 내부에 재통일의 기운이 무르익었고 또 그 당시 중국과 기타 정착 문화를 가진 나라들이 쇠퇴의 길을 걷고 있음을 인식했기 때문에 그러한 상황을 이용하여 정복자의 길로 나선 것이었다.

칭기즈칸의 지도자로서의 장점

칭기즈칸이 활발한 정복 활동을 할 수 있었던 이유를 크게 나누어 보면 다음과 같다.

- 철저한 능력 위주의 군 인사 행정
- 이민족이라 해도 받아들이는 개방적인 인재 흡수
- 승마 능력과 기동성이 뛰어난 군대
- 상인들을 통한 정확한 정보 수집
- 다른 종교(기독교, 이슬람)에 대한 존중
- 정복하고자 하는 나라가 다종교 사회인 경우, 특정 종교를
  지지하여 내분을 조성

잔인한 정복자 칭기즈칸

칭기즈칸은 분명한 악인이다. 그는 잔인한 정복자였다.

악인의 매력을 훔쳐라

정복의 역사는 피의 역사이다. 점령군 칭기즈칸은 이렇게 명령한다.

"항복하는 자는 모두 부인과 자식, 재산과 더불어 살려주어라. 그러나 항복하지 않는 자는 부인과 자식, 인척들까지 모조리 말살하라."

칭기즈칸의 논리는 단순했다. 한마디로 항복하면 포용, 저항하면 말살이다. 저항하는 도시의 주민들은 모두 성 밖으로 쫓아낸 뒤 도시를 약탈하고 모조리 불태웠다. 한 번 저항한 뒤에는 아무리 나중에 무릎을 꿇고 항복해도 자비는 없었다. 병사들은 모두 죽이고 젊은 남자들은 다음 전투 때 방패막이로 썼으며, 다만 기술자들만 족장에게 보내 살려 주었다. 푸른 군대가 나타나면 사상 유례가 없는 대학살이 벌어졌다. 들판에는 수만 개의 해골이 뒹굴고 마을은 쑥대밭이 되어 연기와 재만이 남았다. 몽골인이 지나간 자리에는 먼지만 뒹굴었다.

그리고 칭기즈칸은 한 도시를 정복하고 나면 다른 도시로 대표단을 보내 자신의 잔혹한 행위를 널리 알렸다. 칭기즈칸은 슬픔이면 슬픔, 복수면 복수 모두 피로 해결했다. 그는 피에 굶주린 맹수 같았다. 그의 잔혹함에는 배울 것이 없다.

칭기즈칸의 매력을 훔쳐라

그럼에도 칭기즈칸은 뛰어난 점이 많다. 일일이 열거할 수 없을 정도이다. 그렇기에 그는 대제국을 건설할 수 있었다. 가장 뛰어난 것을 하나 뽑자면 그것은 모험 정신이다. 그는 새로운 대륙을 향해 뛰었다. 그곳에서 무엇이 튀어나올지는 짐작하지 못했다. 하지만 그는 이길 수 있다는 마음으로 가득 차 있었다. 그리고 그 마음이 바로 승리로 이끌었다. 유목 민족이라는 단점을 그는 장점으로 이끌었다. 그가 유목 민족이었기에 오히려 이길 수 있었던 것이다. 또 하나, 그의 탁월한 지도력을 꼽을 수 있다. 그의 지도력이 없었더라면 전쟁에서 계속 이기는 일은 없었을 것이다. 그의 지도력을 연구한 결과가 많은 곳에서 활용되고 있다. 칭기즈칸의 매력은 특별히 진한 엑기스와 같다. 그의 삶을 보다 연구하면 분명히 자신의 삶에도 쓰일 만한 것이 발견될 것이다. 칭기즈칸의 매력이 당신의 삶을 바꿀 것을 믿는다.

우리나라의 칭기즈칸 - 광개토 대왕

광개토대왕은 18세의 어린 나이로 왕위에 올라 소수림왕과 고국양왕이 갖추어 준 바탕에서 대정복 전쟁을 수행하였다. 국경 북쪽으로 연나라, 남쪽으로 백제, 바다 건너 일본에까지 고구려의 힘을 과시하며 자신의 지경을 넓혔으며, 숙신과 동부여마저 그 위력 앞에 떨게 하였다. 그가 이룬 최강 고구려는 아들 장수왕에 이르러 절정으로 치닫는데, 그 같은 고구려의 화려한 면면은 광개토왕비의 비문으로 남아 오늘날까지 고스란히 전해진다. 39년의 짧은 생애 동안 그가 이룩한 이 공적은 서양의 정복왕 알렉산드로스와도 비견되는 우리 민족의 자랑이다.

"왕의 은택이 하늘까지 미쳤고, 위엄은 온 세상에 떨쳤다. 나쁜 무리를 쓸어 없애자 백성이 모두 생업에 힘쓰고 편안하게 살게 되었다. 나라는 부강하고 풍족해졌으며, 온갖 곡식이 가득 익었다. 그런데 하늘이 이 백성을 불쌍히 여기지 않았나 보다. 39세에 세상을 버리고 떠나시었다." 〈'광개토대왕비문'에서〉

광개토대왕비

왕이라고 다 같은 왕이 아니다. 왕 중의 왕이 있다. 우리 역사에서는 그 왕 중의 왕이 고구려의 제19대 광개토대왕이다. 공적만큼이나 그 생애를 적은 비석 또한 널리 알려져 있다. 어쩌면 《삼국사기》 같은 역사서에 남은 내용보다도 더 풍부할 뿐만 아니라 그 글도 웅혼하다. 바로 지금 중국 땅 집안에 서 있는 '광개토대왕비'그래서 그를 비석으로 남은 왕이라 불러 이상하지 않다.

오늘날 연구자들은 아마도 5세기 무렵 고구려 당대의 최고 문장가가 온갖 심혈을 기울여 지은 문장일 것이라고 말한다. 이 비는 장수왕 3년(414년)에 세워졌다. 광개토대왕이 죽고 2년 뒤의 일이었다. 비석의 높이는 6.39m, 글자는 모두 1,775자 정도 되는데, 이 가운데 150여 자는 판독이 되지 않는다. 일찍이 역사학자 민영규 선생은, "무서운 문장력이다. 어느 한 구절, 전후 사방으로 치밀하게 그 역학 관계가 계산되지 않은 구석이 없다."라고 칭송하였다.

그 배경에는 고구려의 국력이 최고조에 달한 이때, 자신감으로 가득 찬 사회 분위기와 고양된 역사의식이 깔렸으리라는 점도 첨부된다. 사실 그러다 보니 초안을 중국의 문장가에게 보여 윤문하였으리라는 추측까지 나올 정도이다. 나아가 비문의 글씨에 매료되는 사람도 있다. 서예가 김응현 선생은 이 비문의 글씨를 모방하여 새로운 자기 서체를 개발했는데, 흔히 '호태왕비체'라 부른다. 호태왕은 광개토대왕을 줄여 부르는 이름이다.

18세에 왕의 자리에 올라 그 은택이 하늘까지 미쳤을 뿐만 아니라 위엄은 온 세상에 떨쳤다고, 비문은 한껏 대왕을 칭송하고 있다. 그런데 "하늘이 이 백성을 불쌍히 여기지 않아, 39세에 세상을 버리고 떠나시었다."며 안타까워한다. 흥미롭기로는 광개토대왕의 비문이 동명성왕 주몽의 탄생담으로부터 시작한다는 것도 빼놓을 수 없다. 비문을 지은 이가 주몽을 '천제의 아들'로 부르고 있다는 점에 주목하다 보면, 광개토대왕도 천제의 자손임에 결코 부족함이 없음을 강조하려 한 뜻을 곧장 알아차리게 된다. 이때까지의 후손 가운데 특히 그렇다는 말이기도 할 게다.

영락대왕으로 빛나는 고구려의 5세기

광개토대왕비가 전해 주는 영락대왕의 빛나는 업적은 이뿐만이 아니다. 고구려가 백제와의 싸움에서 이기며 영토를 넓혀 간 사실은 이미 《삼국사기》에도 여러 차례 나왔다. 비문에서도 이 같

악인의 매력을 훔쳐라

은 사실은 여러 군데에서 보이는데, 이 밖에도 백제와 왜가 연합하여 신라를 괴롭히고, 이에 대해 끊임없이 대왕이 신라에 구원의 손길을 뻗쳐준 일이 적잖이 기록되었다.

앞서 소개한 396년의 싸움 외에, 바로 3년 뒤, 신라의 왕은 고구려에 긴급히 도와달라고 요청하였다. 이때 신라의 왕이라면 내물왕이다. 비문에는 "왕은 은혜롭고 자애로워 신라왕의 충성을 갸륵히 여기고, 신라 사신을 보내면서 왕의 계획을 돌아가 알리게 하였다. 다음 해, 곧 경자년에 왕이 보병과 기병을 합쳐 5만 명을 보내 신라를 구하게 하였다. 신라에 이르자 그곳에 왜군이 가득하였다. 그러나 그들은 고구려군을 보자 멀리 물러났다."고 적혀 있다. 이는 《삼국사기》에 나오지 않는 기록이다.

광개토대왕은 왜 자신의 이름을 영락(永樂)이라 지었을까? 비문의 마지막에는 이런 일화가 나오고 있어, 그 까닭을 짐작하게 해준다. 곧 그때까지 고구려에서는 왕릉에도 비석을 세우지 않고 있었다. 당연히 섞갈릴 수밖에 없었겠다. 벌써 열여덟 분의 왕릉이 자리 잡을 즈음이었기 때문이다. 그래서 왕은 선조 왕들을 위해 묘 앞에 비석을 세우고, 지키는 이를 기록하여 착오가 없도록 하라고 명령하였다. 그러면서 다음과 같은 규정을 만들었다.

"묘를 지키는 이는 이제부터 서로 팔아넘겨서는 안 되고, 부유한 이라 할지라도 또한 함부로 사들여서는 안 된다. 만약 이 법령을 위반한 자가 있으면, 판 자는 형벌을 받을 것이고, 산 자는 자신이 묘를 지키도록 하라."

고구려의 열아홉 번째 왕으로, 영토는 넓어질 만큼 넓어졌고 나라의 기강도 세워졌으니 이제 중요한 것은 영원히 이 영화를 누리고 지키는 일이다. 조상의 이름을 기억하면서 이 나라를 대대로 크고 부강하게 이어나가자는 뜻이 광개토대왕의 이름 '영락'에 들어 있지 않았을까. 그는 비록 서른아홉의 짧은 나이로 세상을 떴지만 말이다.

칼리굴라
Caligula

로마 제국 역사상 칼리굴라만큼 수많은 시민의 환호와 사랑을 받으며 화려하게 등장한 황제는 없었다. 그는 아무런 약점도 없고, 적도 없는 상태로 제국의 최고 권력자가 된 유일한 인물이며, 남녀노소 할 것 없이 시민들의 기대를 한몸에 받은 유일한 황제였다. 로마 역사상 가장 화려했던 황제 취임식 날, 수많은

악인의 매력을 훔쳐라

시민이 거리로 나와 꽃을 던지며 그를 열렬히 환영했다.

쇼맨십의 달인

젊은 황제는 이렇게 약속했다.

"티베리우스와 정반대의 정치를 할 것이다."

원로원 귀족들은 젊은 황제를 보며 흐뭇한 미소를 지었다.

"1% 매상세를 없애겠노라."

로마 시민들은 우레와 같은 박수로 화답했다.

"그동안 금지됐던 검투사 시합과 전차 경주를 부활시키겠노라."

원로원과 로마 시민들 모두 환호성을 질렀다. 하나같이 돈이 많이 들어가는 정책이지만, 칼리굴라는 신경 쓰지 않았다. 돈은 문제가 되지 않았다. 로마 시민들의 마음을 얻을 수 있다면 그걸로 족했다. 다소 무책임해 보이는 정책들이지만 칼리굴라의 인기는 점점 더 높아졌다. 다행히 칼리굴라에게는 선왕인 티베리우스가 물려준 2억 7천만 세스테르티우스의 재정 흑자가 있었다.

로마는 언제나 축제 중

날마다 어딘가에서 검투사 시합이나 전차 경주가 열리고 연극이 상연되었다. 로마는 언제나 축제 중이었다.

또한 칼리굴라는 목욕을 좋아하는 로마 시민을 위해 대중목욕탕을 만드는 것도 잊지 않았다. 그가 만든 목욕탕은 둘레가 1.6km나 되는 초대형 목욕탕이었다.

자신을 속이다

칼리굴라는 가장 중요한 인격 형성 시기에 자신을 감추고 가식적으로 사는 법을 배우고 익히면서 지내야 했다. 그는 자신을 완벽하게 통제하며 티베리우스에게 충성을 맹세했다. 얼마나 순종적이었는지 훗날 사람들은 "칼리굴라만 한 노예 없고 티베리우스만 한 악덕한 주인 없다"고 입을 모았다.

병으로 성격이 변하다

즉위한 지 7개월쯤 지나자 칼리굴라가 갑자기 고열로 쓰러졌다. 칼리굴라는 이 병을 앓고 난 후 성격이 완전히 변해 버렸다. 완쾌한 뒤 가장 먼저 한 일은 칼리굴라와 동격의 계승권을 부여받은 게멜루스를 죽인 일이다. 그는 오랫동안 쇠사슬에 묶였던 맹수처럼 피에 굶주린 듯 사악한 본성을 드러내기 시작한다. 먼저 그는 검투사 대회를 프로 검투사와 죄수의 대결로 바꾸었다. 경기는 더욱 과격해지고 잔혹해졌다.

그는 머리 한가운데가 대머리였는데 대머리에 대한 농담을 하면 무조건 사형에 처했다고 한다. 그는 만찬 테이블 위에 검투사를 불러 올려 싸우게 하고 피 튀기는 걸 좋아했다고 한다.

칼리굴라는 정치보다는 끔찍한 고문, 더욱 잔인한 형벌을 고안해 내는 데 신경을 썼던 것 같다. 가장 좋아하는 고문으로는 칼날로 조금씩 수백 번 반복해 찔러 죄수들 스스로가 죽어가는 것을 느끼도록 하는 것이었다고 한다.

악인의 매력을 훔쳐라

그는 무소불위의 자리에 앉아 자기 마음대로 행했다. 한번은 귀족 부부들을 초청해서는 남편이 보는 앞에서 여자들을 나체로 만들어 감상한 후 그중 한 명을 연회장에서 끌어내 강제로 성관계를 가졌다. 그러곤 다시 연회장으로 돌아와 태연히 대중들에게 침대에서 일어난 일을 그림으로 그려가며 자세히 발표하는 기행을 일삼았다.

섹스와 폭력에 이어 사치와 향락도 끝이 없었다. 그는 세상에서 가장 희귀하고 신기한 요리와 음료만을 요구했다. 값비싼 진주를 녹여 마시기도 했다.

또한 초대형 유람선을 만들어 갑판 위에는 과일이 주렁주렁 매달린 나무를 심는 등, 먹고 마시며 호사스런 잔치를 즐겼다고 한다.

칼리굴라의 정치는 모두 돈 쓰는 것뿐이었다. 이렇게 돈을 펑펑 쓰다 보니 국가 재정이 파탄 나버렸다.

그는 원로원 귀족들에게 국가 반역죄를 뒤집어씌우는 방식으로 재산을 몰수하기도 했다.

과대망상의 늪에 빠지다

그는 자신을 신이라고 생각하는 지경에 이르렀다. 그는 제우스처럼 머리와 수염을 황금색으로 물 들이고 벌거벗은 상반신에 맨발을 하고는, 오른손에 황금 번개를 들고 원로원에 나타나기도 했다. 어떤 때는 삼지창을 들고 포세이돈을 흉내 내고, 어떤 때는 여자 옷을 입고 비너스라 우겨댔다. 원로원 귀족들은 '그가 드디어 미쳤구나.'라고 생각했다.

　그러던 어느 날 사랑하는 드루실라가 21세의 젊은 나이로 숨을 거두었다. 그의 상실감은 이루 말할 수 없을 정도였다. 칼리굴라는 그녀를 위한 신전을 만들고 동상을 세웠다. 그녀를 신격화한 것이다.

　또한 칼리굴라에게는 아끼는 말이 있었는데 나중에는 그 말에게 지금의 총리에 해당하는 집정관 지위를 주려고 했다고 한다.

미치광이 폭군이 되다

　41년 칼리굴라가 황제 자리에 오른 지 만 4년도 되지 않았지만, 많은 것들이 달라져 있었다. 벼락 스타였던 칼리굴라의 인기는 끝없이 추락했다. 로마 시민들은 젊은 황제 칼리굴라를 미치광이 폭군으로 여겼다.

　사학자 비비안 그린은 자신의 저서 《권력과 광기》에서 대부분의 폭군이 정신 질환을 앓았음을 밝히고 있는데, 칼리굴라는 심각한 수준의 과대망상증 환자였다고 분석하고 있다.

폭군의 최후

　칼리굴라는 근위대 장교들에게 살해되고 만다. 그의 나이 고작 28세 때의 일이었다.

악인의 매력을 훔쳐라

칼리굴라의 매력을 훔쳐라

〈칼리굴라〉라는 영화를 본 적이 있다. 다분히 성적인 영화였다. 아마 칼리굴라가 성적인 욕망을 채우는 장면을 영화화한 것으로 생각된다. 칼리굴라에게 배울 점은 시민에게서 인기를 끌려는 노력이다. 그는 시민의 인기를 장악하려 하였다. 그 결과 인기를 얻는 데는 성공하였으나, 재정이 파탄 나고 말았다. 칼리굴라에게 어떤 것의 중요성을 판단하는 중점이 있었더라면 실패하지 않았을 것이다. 그리고 더욱 성공한 황제가 될 수 있었을 것이다. 그의 과대망상증은 그를 파괴하였다. 더욱 현명하게 행동하지 못한 그의 처신이 아쉽다.

역사상 닮은 인물 - 에바 페론

아르헨티나의 영부인으로 포퓰리즘의 주인공이었다.

에바 페론은 1940년대 중반 아르헨티나의 대통령이 된 후안 페론의 부인이다. 빈민층의 딸로 태어나 온갖 역경을 딛고 '퍼스트레이디'가 된 그녀의 인생은 인생 그 자체만으로도 한 편의 영화와 같다. 퍼스트레이디가 된 후 남편과 함께 노동자와 서민들을 위해 파격적인 복지 정책을 내놓아 아르헨티나에서는 '국민들의 성녀'로 존경받기도 하였다. 그러나 현실을 고려하지 않고 정권 유지를 위한 선심성 정책으로 나라 경제를 피폐하게 만든 장본인이라는 비판도 받고 있다. 에바 페론은 아르헨티나의 국민적 영웅이라는 평가와 한편으로는 아르헨티나 몰락의 단초라는 너무나 상반된 평가를 받고 있는 인물이다.

브로드웨이 뮤지컬의 주인공

"Don't cry for me Argentina. The truth is I never left you…(나를 위해 울지 말아요, 아르헨티나. 나는 그대를 떠나지 않아요)"란 가사의 노래를 들어본 적이 있을 것이다. 이 유명한 노래는 미국 브로드웨이의 거장 앤드류 로이드 웨버(Andrew Lloyd Webber)가 작곡했다. 이 노래는 1978년 초연된 뮤지컬 〈에비타〉에서 여주인공 에비타가 부르는 노래이다. 뮤지컬 〈에비타〉의 여주인공은 바로 아르헨티나의 퍼스트레이디였던 에바 페론이다. 에비타는 에바 페론의 애칭이다. 머나먼 남미의 퍼스트레이디를 미국의 공연계의 거장이 주목한 이유는 그녀가 한 시기를 가장 극적으로 살아냈던 여인이며 그 인생 역정 또한 남다르기 때문이었다. 에바 페론은 시골 빈민층의 사생아로 태어나 삶의 온갖 역경을 다 겪은 후 극적으로 국민의 사랑을 한몸에 받는 퍼스트레이디가 된 인물이다. 선동가로서, 정치가로서, 봉사자로서, 아르헨티나 국민에게 '성녀'라 불리며 최고의 인기를 누렸지만, 또한 너무나 극적이게도 30대 초반에 나이에 짧은 생애를 마감하고 말았다. 그녀의 이러한 드라마틱한 인생사의 배경에는 20세기 초중반 아르헨티나의 현대사가 유유히 흘러가고 있다.

악인의 매력을 훔쳐라

팜파스의 사생아

에바 페론은 아르헨티나의 드넓은 초원 지대 팜파스에 속한 작은 마을 로스톨도스에서 태어났다. 그녀의 어머니 후아나 이바르구엔은 인근의 농장 주인 후안 두아르테의 정부였다. 에바 페론은 후아나 이바르구엔과 후안 두아르테 사이에 태어난 5명의 아이 중 네 번째 사생아였다. 그녀의 아버지는 어머니 후아나 이바르구엔과의 사이에 많은 아이를 낳았음에도 불구하고 법적인 자녀로 인정하지 않았다. 출생부터 불우했으며 아버지에게서 버림받은 에바 페론의 어린 시절은 가난과 불행의 연속이었다. 현실을 잊기 위해 어린 에바 페론은 대중 잡지의 기사를 읽으며 도시로 나가 화려한 배우가 되는 것을 꿈꾸었다. 그리고 학교에서 하는 연극과 연주회 등에서 자신이 가진 재능을 발휘하기도 하였다.

그리고 마침내 그녀 나이 15살 무렵, 에바 페론은 과감히 가출을 감행했다. 고향 팜파스의 흙먼지를 떨치고 아르헨티나의 수도 부에노스아이레스에 도착한 것이다.

남자들 품을 전전하는 삼류 배우

그러나 가진 것 없는 시골의 소녀가 도시에서 할 수 있는 일은 별로 없었다. 에바 페론은 어린 나이부터 성공을 위해서는 자기가 가진 것을 내놓을 수밖에 없다는 잔혹한 현실을 깨달았다. 그녀, 에바 페론이 유일하게 가지고 있던 것, 그것은 바로 '아름다운 몸'이었다.

에바 페론은 자기의 앞길을 이끌어 줄 것으로 보이는 남자와 스스럼없이 관계를 맺었다. 그리고 조금이라도 실속이 없으면 가차 없이 떠났다. 에바 페론은 여러 명의 남자 품을 전전하며 삼류 극단의 삼류 배우로 부에노스아이레스에서의 삶을 시작했다. 살기 위해 여러 남자의 품을 떠도는 비애 속에서도 그녀는 자신을 귀엽고 순진하게 꾸미고 싶어 했다. 그래서 스스로를 에비타라고 불렀다. 에비타는 꼬마 에바라는 뜻이다.

성공을 위해 물불을 가리지 않은 노력 덕분에, 그녀는 삼류 연극배우부터 시작해 영화배우, 라디오 성우 등으로 차츰 영역을 확장해 갔다. 그리고 1940년경 마침내 에바 페론은 어느 정도 유명한 연예인으로 그 이름을 알릴 수 있게 되었다.

후안 페론과의 운명적 만남

부에노스아이레스에 온 지 10년 만인 1944년 에바 페론은 큰 행운을 잡았다. 당대 실력자인 '통일 장교단'의 리더 후안 페론을 만난 것이다.

1944년 산후안에서 6,000명 이상이 사망하는 지진이 일어났다. 당시 노동부 장관이던 후안 페론은 이재민 구호를 위한 기금 마련에 앞장섰다. 이때 이 구호 기금 운동에 연예인 자격으로 동참한 것이 에바 페론이었다. 에바 페론과 후안 페론은 만나자마자 서로의 이용 가치를 본능적으로 감지하였다. 첫 번째 부인을 잃고 독신으로 살던 후안 페론은 에바 페론의 젊음과 미모에 빠져들었으며, 에바 페론은 후안 페론이 자신에게 가져다줄 부와 명예를 한순간에 알아차렸다. 두 사람은 만난 지 얼마 되지 않아 함께 살기 시작했다.

당시 후안 페론은 페론주의라는 새로운 가치를 걸고 정치적 입지를 다져가고 있었다. 페론주의는 산업의 국유화, 외국 자본의 축출, 노동자 위주의 사회 정책 등 국가 사회주의의 성격을 띠고 있었다. 페론주의의 가치는 참신해 보였지만 당시의 아르헨티나 현실과는 상당한 거리가 있었다. 게다가 군부에 의지하는 성격이 강해 독재로 흐를 가능성이 많았다.

에바 페론과 후안 페론이 동거를 시작한 지 얼마 되지 않아 후안 페론에게는 정치적 시련이 닥쳤다. 반 페론주의자들이 정권을 획득한 후 후안 페론을 구금해버린 것이다. 그러나 이 사건은 뜻밖에도 기회가 되었다. 에바 페론의 오랫동안 숨겨져 있던 재능이 이를 계기로 한순간에 발현된 것이다. 단지 아름다운 외모를 가진 연예인으로만 생각되었던 에바 페론에게는 뜻밖에도 사람의 마음을 움직일 줄 아는 힘이 있었다.

정치적이며 선동적이고 남을 설득할 줄 아는 그녀의 재능이 애인 후안 페론의 석방 운동에서 빛을 발하기 시작했다. 팜파스의 가난한 딸이라는 그녀의 출생과 비루한 인생 역정이 빈민과 노동자들에게 동질감을 안겨 주었다. 에바 페론의 열정적이고 헌신적인 연설은 민중의 마음을 움직였다. 에바 페론은 구금된 후안 페론을 위해 노동자들을 부추겨 총파업을 일으켰다. 그리고 파업 10일 만에 후안 페론은 노동자들의 환호를 받으며 전격 석방되었다. 에바 페론의 도움으로 정치적 우위를 확보한 후안 페론은 이런 선물을 가져다준 에바 페론에 감사하듯이 1945년 그녀와 정식으로 결혼했다.

에바 페론과 포퓰리즘

포퓰리즘(populism)이라는 말이 있다. 대중에 아부하여 인기몰이를 하지만 실은 대중을 기만하고 인기를 정치적인 입지 확보에만 이용하는 것을 말한다. 에바 페론과 후안 페론은 자신들의 정치적 목적을 위해 이 포퓰리즘을 적극적으로 이용한 사람들로 평가되고 있다.

1946년 대통령 선거에서 에바 페론은 남편 후안 페론의 선거 유세 자리에 동행하며 대중으로부터 폭발적인 인기를 얻었다. 그녀의 아름다운 외모와 확신에 찬 연설은 아르헨티나 국민의 마음을 사로잡았다. 에비타라는 애칭이 전 아르헨티나 국민들에게 알려진 것도 이 무렵부터이다. 에바 페론의 인기 덕에 후안 페론은 대통령 선거에서 승리했다.

악인의 매력을 훔쳐라

대통령이 된 후안 페론은 대중이 좋아할 만한 정책을 내세우며 정권 유지를 도모했다. 후안 페론의 뒤에는 에바 페론이 있었다. 더욱 정교해진 '페론주의'하에서 외국 자본의 추방, 기간산업의 국유화, 노동자의 처우 개선을 위한 노동 입법 추진, 노동자 생활 수준 향상, 여성 노동자의 임금 인상 및 여성의 시민적 지위 개선, 친권과 혼인에서의 남녀평등 헌법 보장, 이혼의 권리를 명시한 가족법 추진, 여성의 공무담임권 획득 등 획기적인 정책들이 쏟아져 나오기 시작했다.

　그러나 이런 수많은 개혁은 일부는 좋은 평가를 할 만한 것이었지만, 대부분은 대중의 인기를 확보하기 위한 것일 뿐 실질적으로 나라의 사정은 고려하지 않은 것들이 많았다. 후안 페론 정권은 겉으로는 노동자와 여성 등 약자를 위하는 것처럼 보였지만, 실제 혜택을 받는 사람은 거의 없는 허세와 기만의 정권이었다. 외면적으로는 폭발적 인기를 얻고 있는 것처럼 보였지만, 그 인기의 이면에는 페론 부부의 실정을 비판하는 세력에 대해 끊임없는 탄압이 감춰져 있었다. 비판 세력의 제거로 아르헨티나는 정치적으로 경직되었고 후안 페론과 군부를 중심으로 하는 독재 속에서 부정부패가 만연해졌다.

　한편, 에바 페론은 아르헨티나 전역을 다니며 복지 사업과 봉사 활동을 벌이며 성녀를 자처하였지만 실제로 사회적 약자들의 삶은 그다지 나아지지 않았다. 그것은 페론 정권이 내건 정책들이 기본적인 사회 개혁이 아니라 대중을 사탕발림으로 마비시킨후 기존의 지배 구조는 그대로 지속시키는 것이었기 때문이었다. 대중적 인기를 더욱더 이끌어내기 위해 에바 페론은 남편 후안페론과 자신의 우상화 작업을 시작했다. 초등학교에서는 매주페론 부부를 찬양하고 기리는 글짓기를 하도록 하였으며, 스페인어 수업 시간에는 에바 페론 본인의 자서전 《내 인생의 사명》을 교재로 채택하도록 하기도 하였다.

　페론 정권 시기에 아르헨티나의 경제는 하향 곡선을 긋기 시작했다. 그러나 에바 페론과 후안 페론은 비판 세력을 제거한 아르헨티나에서 나랏돈을 자기 것처럼 마음대로 썼다. 에바 페론의사치는 극에 달했고 횡령한 많은 돈이 스위스 은행의 비밀 계좌에 입금되었다.

에바에 대한 엇갈린 평가
　에바 페론은 9년간 아르헨티나의 퍼스트레이디였다. 그녀는1952년 34세의 나이로 척수 백혈병과 자궁암에 걸려 세상을 떠났다. 아르헨티나 대중들은 에바 페론의 죽음을 광적으로 애도했다. 한 달간의 장례식은 국민들이 바치는 꽃으로 뒤덮였다.

　에바 페론의 죽음 이후 그간에 숨겨왔던 페론 정권의 문제점

들이 하나둘 드러나기 시작했다. 무리한 경제 정책은 실패로 돌아갔고 끊임없는 인플레이션과 실업, 노동자의 동요 등 에바 페론이라는 방패를 잃어버린 후안 페론은 문제의 중심에 서게 되었다. 결국 군부마저도 후안 페론에게 등을 돌려 후안 페론은 군부 쿠데타로 쫓겨나 해외로 망명하였다.

에바 페론, 혹은 에비타. 그녀에 대한 평가는 여러 가지로 엇갈린다. 앞서 말한 것처럼 에바 페론의 인생은 공연 작품거리가 될 만큼 많은 매력을 가지고 있다. 그러나 그녀 이후 아르헨티나와 남미의 여러 나라가 현실을 담아내지 못하는 페론주의와 포퓰리즘의 그늘에 놓여 있어 이에 대해서도 의견이 분분하다.

이러한 엇갈린 평판에도 불구하고 아르헨티나의 많은 대중은 아직도 에바 페론을 그리워하고 그녀를 성녀로 추앙하고 있다. 아르헨티나의 시골 농가에는 아직도 에바 페론의 초상화가 걸린 집이 종종 있다고 하니 그녀의 인기가 얼마나 대단했는지 미루어 짐작할 만하다.

티무르

Timur

세계를 정복하다

티무르는 살아 있을 당시 14세기 말에서 15세기 초까지 사마르칸트를 근거지로 거의 40여 년 동안이나 정복 사업에 매진했으며, 그가 정복했던 영토는 아프가니스탄, 인도 북부와 이란, 이라크, 그리고 동유럽과 러시아 남부 지방까지로, 중국을 제외한 몽골 제국이 차지했던 영토의 거의 대부분에 해당하는 광대한 지역이었다.

세계의 정복자로 떠오르다

그는 30여 년의 전쟁에서 단 한 차례도 패한 적이 없다. 이 때문에 그는 칭기즈칸 이후 또다시 대제국을 건설할 수 있었다. 또한 당시 최강이라 불리던 오스만 제국과의 격돌에서도 승리했다는 사실은 왜 우즈베키스탄인들이 그를 영웅으로 받드는지 충분히 이해할 수 있게 한다.

악인의 매력을 훔쳐라

군사 전문가들은 그가 이렇게 무수한 전쟁에서 승리를 거둘 수 있었던 요인으로 게릴라 전술을 꼽는다. 이는 적은 병력으로도 적군을 물리칠 수 있는 고도의 전술을 말한다.

잔인한 정복자

티무르가 우리에게 남긴 것은 그가 지배했던 광활한 영토뿐만 아니라, 그는 정복지를 다니며 무참히 가했던 악행이다. 그는 정복지 희생자들의 머리로 피라미드를 쌓는 것을 즐겼는데, 이란의 아스파한에서는 7만여 개의 시체로, 메소포타미아의 바그다드에서는 9만 개의 시체로 피라미드를 쌓았을 정도라고 한다.

또한 그는 정복지에서 살인을 저지를 뿐만 아니라 온갖 약탈을 감행하고 도시를 완전히 황폐화시킨 후 떠나버리는 잔악무도한 행위로도 유명했다. 상황이 이렇다 보니 정복지들은 공포에 떨어야 했다.

티무르의 전설

젊은 시절 티무르는 한때 힘없이 도망 다니는 신세가 된 적이 있었다. 그러나 이때 그는 우연히 개미가 자신보다 몇 배나 큰 곡식 한 톨을 지고 낑낑대며 담을 오르는 모습을 보게 된다. 개미는 결국 담을 오르는 모습을 보고 티무르는 다시 용기를 얻어 칭기즈칸 못지않은 정복왕에 오를 수 있었다고 한다.

티무르의 매력을 훔쳐라

티무르는 세계 정복을 해낸다. 이것은 자기 영토에 머물고 싶어 하는 성향을 뒤집은 것이다. 많은 사람이 자기 자신의 땅에 만족하고 거기서 살아간다. 하지만 티무르는 달랐다. 그는 정복 사업에 매진했다. 그는 30여 년의 전쟁에서 단 한 번도 패한 적이 없다. 그가 얼마나 치밀했는지를 알 수 있다. 그는 게릴라 전술을 썼다. 그래서 그는 무수한 전쟁에서 승리할 수 있었다. 승리하고 싶다면 그의 매력을 훔쳐라.

사담 후세인
Saddam Hussein

쿠데타를 일으키다

사담은 알 바크르 대통령과 긴밀히 연락하면서 나예프 수상을 제거할 음모를 꾸민다.

쿠데타가 일어난 지 불과 14일이 지난 어느 날, 알 바크르 대통령은 나예프 수상을 불러 오찬을 함께 하였다. 이때 갑자기 사

악인의 매력을 훔쳐라

담이 총을 들고 연회장에 나타났다. 그는 나예프 수상을 총으로 위협하며 끌고 나갔고, 그것으로 나예프의 운명은 끝이었다. 이제 알 바크르 대통령이 진정한 실권을 거머쥔 듯 보였지만, 실권자는 엄연히 사담 자신이었다. 드디어 사담은 이라크를 자신의 손아귀에 쥐게 된 것이다.

대통령이 되다

사담은 다른 사람들과는 달리 바크르 대통령만은 곧바로 제거하지 않고 10년 이상 그 자리에 앉아 있게 만들었다.

사담은 먼저 군대와 공무원 조직에 대한 대대적인 숙청을 벌여 공포감을 조성한 다음, 강제로 이웃 나라들의 지지를 얻어냈다. 그리고 군대를 이끌고 대통령궁으로 진격했다. 결국 바크르 대통령은 사담의 총칼 아래 벌벌 떨면서 텔레비전을 통해 이라크 국민들 앞에서 '물러나겠다'고 발표한 후 쓸쓸히 사라졌다. 이때가 1979년이었고, 곧바로 사담 후세인이 이라크의 대통령 자리를 차지했다.

경제적 번영을 누리다

사담은 석유 생산을 국유화하였다. 이로 인해 이라크는 막대한 부를 챙길 수 있었으며, 이는 곧바로 국내 기간 시설 개발과 국방력 강화에 투자되었다. 그리고 사담은 국가가 바로 서기 위해서는 교육이 중요하다고 판단하여 문맹 퇴치 운동을 벌였으며, 이로 인해 다른 이웃 나라들의 좋은 본보기가 되기도 했다. 또한 여성들의 사회 참여 기회도 높아져 이제 이라크는 중동 지역에서 최강국 중 하나로 떠오르게 되었다. 불과 십수 년 만에 이러한 업적을 이룩한 사담 후세인에게 이라크 국민들이 환호하는 것은 어쩌면 당연한 일이었다.

사담 후세인의 매력을 훔쳐라

사담 후세인은 악인으로 널리 알려져 있다. 그리고 미국과의 전쟁에서 져서 결국 처형당한다. 하지만 그의 매력은 강했다. 쿠데타를 일으켜 정권을 잡긴 했지만, 석유 생산을 국유화한 것은 현명한 판단이었다. 이 때문에 그는 막대한 부를 챙길 수 있으면서 국내 기간 시설을 개발하고 국방을 강화할 수 있었다. 그 결과 이라크 국민은 사담 후세인에게 환호하게 된 것이다. 사담 후세인의 강점은 뚝심이다. 이 때문에 그는 인기 있는 대통령이 될 수 있었다. 하지만 그는 잘못된 정책으로 결국 비참한 결말을 맞고 만다. 그의 매력은 양면성이 있다. 그의 매력을 훔치고 싶다면 조심히 그의 장점을 훔치자.

명 태조 주원장

Taejo people juwonjang

진시황제로부터 마지막 황제 선통제 부의까지 2132년 동안 중국에는 모두 211명의 황제가 있었다. 그중 최악의 황제는 누구였을까? 베이징커지 신문은 역대 황제 중에서 심리적 소양이 가장 떨어지는 황제로 명나라를 세운 명 태조 주원장을 뽑았다.

불우한 시절

주원장은 어미의 메마른 젖을 빨면서 배고픔을 숙명처럼 여겼다. 그러나 커가면서 배고픔은 견딜 수 없는 고통이 되었다. 지주의 소를 치던 소년 시절 주원장은 친구들과 작당해 송아지 한 마리를 뚝딱 잡아먹었다. 그러곤 쇠꼬리만 남겨 바위틈에 끼워 놓고는 송아지가 아무리 잡아당겨도 나오지 않는다며 얼렁뚱땅 둘러댔다. 화가 머리끝까지 난 지주에게 이 사건의 주동자였던 주원장은 호되게 얻어맞는다.

개천에서 용 나다

홍건적이 된 주원장은 물 만난 고기처럼 자신의 능력과 재주를 마음껏 발휘했다. 고난의 세월을 겪으며 단련된 신체와 강인한 의지는 군대에서 빛을 발하기 시작했다. 더 이상 가난하고 천대받던 주원장이 아니었다. 그는 누구보다 용감하고 저돌적으로 전투에 임했다. 가슴 깊이 맺혀 있던 세상을 향한 분노를 마음껏 터트렸다. 그는 군대에서 여러 번 공을 세웠고 세력도 조금씩 키워 나갔다. 곽자흥이 죽은 뒤 주원장은 홍건적의 우두머리가 되었다. 이미 썩을 대로 썩은 원나라 조정은 바람 앞의 등불처럼 위태로웠다.

난세에는 시대가 영웅을 만든다. 원나라 말년 어지러운 시기에 주원장 말고도 많은 영웅호걸이 있었다. 칭기즈칸의 후예들이 잃어버린 중국 천하의 패권을 차지하기 위한 치열한 각축전을 펼쳤다. 결국 주원장은 그들을 모두 물리치고 마지막 승리자가 된다. 16년간의 전쟁 끝에 1368년 난징에 명나라를 세우고 황제에 등극한 것이다. 이때 그의 나이 41세였다.

의심의 병이 들다

주원장은 역대 황제 중에서 가장 많은 공신을 죽인 인물이다. 주원장이 말년에 이르렀을 때 개국 공신들은 대부분 그에게 참살당해 남아 있지 않았다고 한다.

악인의 매력을 훔쳐라

인생을 마감하다

아무에게도 환영받지 못하고 태어나 굶주림을 숙명처럼 여기고 걸인처럼 세상을 떠돌다 도적 떼가 되었지만, 결국 천하를 손에 넣은 명 태조 주원장은 한 편의 파란만장한 드라마 같은 인생을 71세로 마감했다.

주원장의 매력을 훔쳐라

주원장의 인생을 한마디로 요약한다면 인생 역전의 드라마이다. 우리는 모두 인생 역전을 바란다. 매일 굶주리던 생활에서 황제가 된 주원장은 누구보다도 인생 역전의 모습을 제대로 보여 주었다고 할 수 있다. 당신에게도 그런 일은 일어날 수 있다. 휴대 전화 판매원에서 세계적인 성악가가 된 폴 포츠처럼 당신의 삶에도 그런 일은 일어날 수 있다. 그러려면 주원장의 매력을 훔쳐야 한다. 강인한 체력과 강인한 정신이 그 일을 일구어냈다고 볼 수 있다. 무엇보다도 주원장 내면에 숨겨진 야심이 그 일을 주도했다고 볼 수 있다. 당신 속에는 당신의 야심이 있는가. 당신은 그 야심을 위해서 무엇을 하고 있는가. 매일의 당신 행동과 정신이 인생 역전의 홈런을 터뜨릴 것이다.

당 현종

Per hyeonjong

4만 명의 후궁을 거느리다

현종 당시 당나라에는 귀비, 숙비, 덕비, 현비 등 4비에 해당하는 부인과 총 190명의 후궁이 있었다. 그리고 직급이 없는 궁녀는 더욱 많아 모두 4만 명에 달했을 정도였다.

피를 부르다

현종은 권력 초기 황제의 자리를 차지하기 위해 피에 피를 부르는 과정을 거쳐야 했다. 어느 나라의 왕이나 권력을 잡기 위해서는 수많은 희생이 뒤따랐다는 점에서 볼 때 당시 현종이 저지른 행동을 두고 잔인하다거나 폭군이라 부를 수만은 없을 듯하다.

국정을 안정시키다

어느 해 당나라에는 지독한 흉년이 들어 굶는 백성들이 속출하였다. 이에 현종은 궁정에 있는 쌀을 백성들에게 나누어 주라

악인의 매력을 훔쳐라

고 명령하여 이 위기를 넘겼다고 한다. 또한 당시에 현종이 신하들의 직언이 귀를 기울였다고 한다.

자만에 빠지다

당나라 최전성기를 이끈 현종이었지만, 너무 짧은 기간에 많은 업적을 이루었기 때문인지 그는 서서히 자만에 빠져들기 시작한다. 술과 향락에 몸을 맡기며 궁녀들과 놀아나기 일쑤였고, 자기에게 조금이라도 직언하는 자가 있으면 즉시 파면시켜 버렸다. 그러다 보니 현종 주변에는 아첨꾼으로 들끓었고, 전성기를 이끌었던 유능한 인재들은 현종 곁을 떠나갔다.

양귀비와 로맨스를 나누다

현종과 양귀비의 로맨스는 동양 역사상 가장 많이 사람들의 입에 오르는 것 중 하나가 되었을 정도로 유명하다.

현종의 나이도 이제 환갑을 바라볼 때가 되었다. 그런데 그는 우연히 한 여인을 보는 순간 심장이 멎는 느낌을 받고 만다. 그 여인은 다름 아닌 양귀비였다.

양귀비의 미모

당나라 사람인 진홍이 쓴 '장한가전'에서는,

"머리가 검고 아름다우며, 피부는 곱고, 윤기가 흘렀다. 뚱뚱하지도 마르지도 않았으며 행동거지는 조용하고 요염했다. 또 푸

른 구름 같은 아름다운 머리털, 꽃다운 얼굴, 걸으면 한들한들
금비녀도 귀엽다."

라고 표현하고 있다. 가히 절세 미녀이었나 보다.

양귀비의 죽음

현종은 양귀비만큼은 살리고 싶었다. 그래서 직접 병사들 앞에
서 하소연하기도 했으나 병사들은 막무가내였다. 이에 환관 고력
사도 현종에게 이제 어쩔 수 없다고 하자 현종은 양귀비에게 자
결을 명령했다. 이에 양귀비도 모든 것은 체념한 채 나무에 목을
매달았으니 이때가 756년으로 그녀의 나이 38세 때였다. 이러한
양귀비의 쓸쓸한 최후를 노래한 백거이의 장한가를 살펴보자.

귀비는 천자의 말 앞에서 죽음을 당한다.
꽃비녀 땅에 버려지니 거두는 사람 없어

현종의 매력을 훔쳐라

현종이 잘한 점은 당시 국정을 안정시키기 위해 노력한 것이다.
그로 인해 나라는 최고의 시절을 맞이할 수 있었다. 하지만 그것
은 오래가지 않았다. 자신의 성과에 만족해 버린 현종이 주색에
빠져 버린 것이다. 현종은 그렇게 극과 극을 달렸다. 하지만 한
쪽 극은 현종 자신에게뿐만 아니라 나라에도 좋지 않았다. 그로
인해 안사의 난이 일어나기도 했다. 그만큼 나라는 엉망진창이

악인의 매력을 훔쳐라

되어 버린 것이다. 현종에게 배울 점은 초기의 국가와 민족을 사랑하는 마음이다. 이것은 아마 모든 군주에게 필요한 마음일 것이다. 이런 마음을 가지고 국가를 다스린다면 그 국가는 분명 꽃이 필 것이다.

모택동

M a o

반항은 나의 힘

나이를 먹어 이미 아버지만큼 덩치가 커진 모택동은 반나절 만에 인분 15통을 져 나르는 힘든 농사일을 해야 했다. 그는 책 읽기를 좋아해 농장 한구석에 숨어 책을 읽고 있다가 아버지에게 게으르고 쓸모없는 놈이라고 욕을 듣고 했다.

농사일보다는 세상일에 더욱 관심이 많았고, 논어처럼 고리타분한 고전보다는 수호지에 더 흥미를 느끼고 빠져들었다.

일방적인 권위에 대한 반항, 낡은 관습에 대한 반항심이야말로 그의 어린 시절 몸과 마음을 자라게 만든 자양분이 되었다. 14살이 되자 그의 아버지는 미리 정해 놓은 6살 연상의 리바오산과 마오쩌둥을 억지로 결혼시키고 가업을 물려주려 하였다. 그러나 그는 그대로 주저앉아 농사만 짓고 있을 수 없었다. 그는 아버지의 뜻을 거역하고 신학문을 배우기 위해 집을 떠났다.

대륙의 붉은 별이 되다

사오산은 아름답고 평화로운 마을이었다. 그러나 세상과 단절되어 있었다. 사오산 너머 세상은 급변하고 있었고, 모택동은 책을 보며 세상을 배우고 익혔다. 20살 모택동은 창사 사범학교에 입학할 때까지 공공 도서관에 틀어박혀 엄청난 독서를 했다. 세계지리와 세계사를 집중적으로 공부했으며 정치 이론을 학습했다.

이 밖에도 존 스튜어트 밀, 루소, 몽테스키외, 애덤 스미스, 다윈 등이 남긴 수많은 서적을 가리지 않고 읽어 자기 것으로 만들었다.

스승을 만나다

그는 창사 사범학교에서 그의 인생에 가장 커다란 영향을 끼친 스승 양창지를 만나게 된다. 모택동은 그에게서 사회·과학 전반의 폭넓은 지식을 배울 수 있었다. 그 시절 그의 정치적인 이념도 접했다. 그의 도움을 받아 베이징대학교 도서관 사서 보조로 일하게 되면서 소련에서 일어난 볼셰비키 혁명을 처음 접했다.

악인의 매력을 훔쳐라

그 뒤 마르크스 책을 읽으면서 마르크스주의자가 된 모택동은 1920년 창당된 중국 공산당에 들어갔다. 그는 선동가이자 조직가로서 끊임없이 활동하며 공산당 내에서 중요한 역할을 맡기 시작했다.

나라를 이끌다

모택동은 중화인민 공화국 수립 후 1952년까지 3년 동안 당을 이끌어 국민 경제를 회복시켰고, 토지 개혁, 반혁명 진압, 백화제방백가쟁명 운동을 이끌었고, 1952년 이후 사회주의 공업화와 농업, 수공업, 상업을 사회주의로 개조시켜 갔다.

나라를 발전시키다

모택동은 중국의 농공업 분야의 낙후를 일소하고 비약적인 발전을 기하기 위해 제2차 5개년 계획, 즉 대약진 운동을 수립했다. 그의 생각은 단순했다. 중국이 가장 필요한 산업 성장을 위해 인구를 총동원한다면 영국과 미국 같은 자본주의 국가를 몇 년 안에 따라잡을 수 있다는 것이다. 아무리 중국이 가진 과학 기술이 원시적이라 해도 중국이 노력만 하면 그런 약점을 보완할 수 있다는 생각이 대약진 운동의 출발점이었다.

중국을 새 시대로 도약시키다

한때 붉은 천 표지로 장정되어 수백만 부씩 보급되던 모택동의

사상은 중국의 외교부장이었던 천이가 예언한 대로 수정된 지 오래다. 그러나 그의 실수와 오류, 약점과 잔인성에도 불구하고 중국이 새로운 시대로 도약한 것이 그의 공적이라는 데는 이론의 여지가 없다.

공포 정치로 다스리다

새롭게 바뀐 중국의 새로운 지도자 모택동은 이렇게 말했다.
"이 나라는 파괴되어야 한다. 그런 다음에 재건해야 한다."
국가가 파괴되면 새 국가가 형성될 것이기 때문이다. 그는 옛 중국의 그림자조차 남아 있지 않은 상태에서 새로운 중국을 건설하고 싶었다. 그는 새하얀 도화지 위에 그림을 그리고 싶었던 것이다. 그러나 그는 붓 대신 칼을 들었다.

모택동의 여자들

그는 항상 새로운 사랑, 새로운 여자를 갈구했다.
중국 공산당 최고의 지도자 자리에 오르면서 그는 현대적인 자유연애에 대한 흥미가 시들해졌다. 중국을 한 손에 쥐고 흔들 수 있게 되자 한 여자에게 만족하지 못했다.
중국 최고의 미녀를 모두 원하게 되었다. 봉건 시대 황제들처럼 수많은 후궁에게 둘러싸여 살고 싶었는지도 모른다.

악인의 매력을 훔쳐라

그가 남긴 두 가지 업적

사람들은 그의 업적을 크게 두 가지로 보는데, 하나는 장제스와 싸워 그를 타이완으로 몰아낸 것이고, 또 하나는 일본과의 오랜 항전을 승리로 이끈 것이라고 평가한다.

모택동의 매력을 훔쳐라

모택동은 어렸을 때부터 독서광이었다. 그는 도서관에서 떡 두 개로 점심을 때우고 오직 독서에만 전념했다고 한다. 그는 도서관에서 다양한 지식을 얻었다. 그것은 학교를 그만두고 오로지 도서관에서 독서를 통해 공부하겠다는 그의 결단이 만들어낸 것이었다. 그는 또한 지도자로 있을 때는 나라를 이끄는 데 전념했다. 그는 중국이 새 시대로 도약한 것은 그의 공적이라는 데는 반론의 여지가 없다. 그의 매력을 훔치고 싶다면 오늘부터 공공 도서관에 가는 것은 어떨까. 책도 찾아보고 몇 권 빌려 보면서 오늘부터 책과 친해져 보자. 공공 도서관에 대한 예찬은 모택동만이 아니다. 세계적인 부자 빌 게이츠 역시 공공 도서관 효과를 많이 보았다. 그는 "나를 만든 것은 공공 도서관이다."라고 말하기까지 했다. 어린 시절 독서로 머리를 꽉 채운 빌 게이츠나 모택동과 비슷해지고 싶다면 그 방법이 지름길이다.

비슷한 인물 – 체 게바라

체 게바라는 아르헨티나의 중산층 가정에서 태어나 부에노스

아이레스 의과 대학에 다니던 평범한 청년이었다. 그러나 친구와 함께 오토바이 여행을 하던 중 라틴 아메리카의 가난과 고통을 체험하게 되자, 이들을 돕기로 하고 1956년 쿠바 반정부 혁명군에 들어간다. 처음에는 부상병을 치료하는 의사였지만 곧 전투에 참가하였고, 그는 이 전투에서 크게 활약한다.

혁명이 성공하며 쿠바 국민들의 지지를 받게 된 체 게바라는 외국인임에도 불구하고 국립 은행 총재, 산업부 장관 등 쿠바의 핵심 지도층이 된다. 쿠바 대혁명 6년 후, 그는 집권자 카스트로의 다음가는 지위를 가졌음에도 콩고, 볼리비아 등의 혁명을 지원하기 위해 쿠바를 떠난다. 그리고 1967년 볼리비아에서 게릴라군을 조직하여 싸우다 정부군에 체포되어 죽음을 맞이한다. 체 게바라는 《쿠바에서의 인간과 사회주의》, 《게릴라전》 같은 저서를 남겼다. 이상적인 사회를 향해 열정을 바쳤던 그의 모습은 세계 젊은이들의 우상이 되고 있다.

비슷한 인물 - 김대중
독서광이었다는 점에서 김대중 전 대통령을 떠올릴 수 있다.

나의 경우 감옥 안에서 네 가지 즐거움을 맛보았다. 그 첫째이자 가장 큰 것이 독서의 즐거움이었다. 과거 1977년의 진주 교도소 생활 때도 그랬지만, 1981년 청주 교도소에서의 2년간의

악인의 매력을 훔쳐라

생활은 그야말로 독서의 생활이라 해도 과언이 아니다. 철학, 신학, 정치, 경제, 역사, 문학 등 다방면의 책을 동서양의 두 분야에 걸쳐서 읽었다.

나는 러셀의 《서양철학사》, 토인비의 《역사의 연구》, 플라톤의 《국가론》, 아우구스티누스의 《신국론》, 테야르 드 샤르댕 신부의 저서들, 라인 홀드 니버와 하비 콕스의 신학 서적들과 그리스 이래의 문학 서적을 탐독하고 많은 영향을 받았다. 문학 서적 중에서는 특히 러시아 문학에서 얻은 감명이 컸다. 푸시킨, 레르몬토프, 도스토옙스키, 톨스토이, 투르게네프의 작품을 읽었다. 논어, 맹자, 사기 등 동양 고전과 원효와 율곡에 대한 저서, 그리고 조선 말기의 실학 관계 서적에서도 많은 것을 배웠다. 진주와 청주에서의 4년여의 감옥 생활은 나에게는 다시 없는 교육의 과정이었다. 정신적 충만과 향상의 기쁨을 얻는 지적 행복의 나날이었다. 감옥이야말로 나의 대학이었다.

현대에도
악인의 매력이 필요하다

악한 자의 자기 계발

Self-development of the wicked

1. 악한 자는 책을 읽었다

시대의 악인으로 선정된 사람들조차 책을 읽었다. 클레오파트라, 모택동, 나폴레옹 등은 대표적인 독서가들이었다. 어쩌면 그들의 독서력이 악한 성품과 만나 시너지 효과를 발휘했을지도 모른다. 나폴레옹은 유년 시절부터 책방의 책을 온통 다 삼켜 버릴 듯이 책을 읽었다고 한다. 그것도 군인에게 필요한 전문적인 전술 서적이나 포술 서적뿐만 아니라 역사, 지리, 수학, 법률, 문학 등 각계 각 분야에 걸친 책을 읽었던 것이다. 법률 분야에서는 근신 명령을 받았을 때 하루 만에 6세기에 저술된 유럽 각국의 법률 원전이라고 하는 대저, 유스티니아누스의 법전을 독파했다고 한다. 후에 새로운 헌법과 민법을 제정할 때, 쭉 늘어서 있던 법률학자들에 뒤지지 않을 정도의 법률 지식을 피력할 수 있었던 것도 그와 같은 독서 덕분이었다.

이렇듯 나폴레옹은 유년 시대부터 생애 마지막에 도달할 때까지 탐욕스러운 독서가였다. 특히 독서에 열중한 것은 파리의 육군 사관학교를 졸업하고 군대에 복무하기 시작한 16세부터 수년 동안의 일이었다. 이 시기에 집중적으로 독서하는 습관을 몸에 익히게 되면 평생을 두고 책과 멀어질 수 없는 모양이다.

모택동 역시 책과 인연이 깊다. 모택동은 자서전에서 다음과 같이 말한다.

상립 제일 중학교에 입학하였는데, 나는 이 학교를 좋아하지 않았습니다. 교과 과정에 지나치게 제한이 많았고 규정 또한 못마땅하기 때문입니다. 나는 다른 학생들이 귀가한 후에도 홀로 교실에 남아 독서를 했습니다. 어두워서 보이지 않으면 양초를 바꿔서 읽었습니다. 이 학교에서는 여러 가지로 나를 도와준 선생님이 한 분 있었습니다. 그분이 빌려준 어비통감 집람을 읽은 뒤에 나는 혼자서 책을 읽으며 공부하는 것이 낫겠다고 결론을 내렸습니다. 입학한 지 6개월 만에 나는 이 학교를 그만두었습니다. 대신에 매일 호남의 성립 도서관에서 독서를 하였습니다. 나는 규칙적으로 집중해서 매우 열심히 책을 읽었습니다. 아침 일찍 도서관에 가서 도서관 문이 열리기를 기다렸습니다. 점심은 떡 두 개로 해결했습니다. 그러곤 도서관 문이 닫힐 때까지 책을 읽었습니다. 이렇게 보낸 6개월이 나에게 참으로 귀중한 시간이었습니다.

악인의 매력을 훔쳐라

2. 악한 자는 특별한 교육을 받았다

악한 자는 어릴 때 특수한 교육을 받았다. 알렉산드로스 대왕이 그랬다. 필리포스 왕은 아들을 훌륭한 제왕으로 키울 스승을 찾았다. 알렉산드로스 대왕 뒤에는 아리스토텔레스라는 스승이 있었다. 당대 지중해 최대의 석학으로 불렸던 아리스토텔레스는 알렉산드로스에게 특수한 교육을 했고, 알렉산드로스는 아리스토텔레스에게 많은 것을 배웠다. 도덕이나 철학뿐만 아니라 세상에 널리 알려지지 않은 다양한 지식도 배웠다. 알렉산드로스는 스승의 가르침을 가슴에 새기고 소중히 여겼다. 그 결과 알렉산드로스 대왕은 세계를 정복할 수 있었다. 13세 때 아리스토텔레스에게 역사와 철학을 배운 이래 기나긴 원정길을 지나 죽음에 이를 때까지 그는 크세노폰의 《1만 병사의 퇴각》, 호메로스의 《일리아스》, 《오디세이아》 등의 역사책을 항상 옆에 두었다.

알렉산드로스는 아리스토텔레스를 숭배했고 아버지 못지않게 사랑했다. 그래서 늘 이렇게 말했다. 아버지는 나에게 생명을 주셨고, 아리스토텔레스는 훌륭하게 사는 법을 알려 주셨다.

3. 악한 자는 천재로 거듭났다

어릴 때 받은 특별한 교육으로 그들은 천재로 거듭났다. 클레오파트라가 그랬다. 철저하게 그리스식 엘리트 교육을 받은 클레오파트라 역시 그리스어를 배우고, 그리스 역사가 헤로도토스와 투키디데스를 공부하고, '일리아스' '오디세이아'를 암송하고, 소포클레스와 사포의 시를 읽었다. 클레오파트라가 남달랐던 건 그녀가 동시에 이집트어를 구사했다는 점이다. 클레오파트라는, "700만 백성의 언어를 힘들게 배우려고 노력한 최초의, 유일한 프톨레마이오스 왕가 사람"이었던 것이다. 덕분에 전임자들과 달리 클레오파트라는 소수의 그리스계 시민이 아니라 다수 이집트인을 권력 기반으로 확보할 수 있었다.

이집트에서는 아들과 딸이 공동으로 왕위에 오르기 때문에 그녀 역시 제왕학도 수학했다. 과학 교육으로는 대수와 기하, 천문학과 의학 수업을 받았고, 예능교육으로 그림 그리는 법, 노래하는 법, 현악기 연주법, 승마까지 배웠다. 그녀가 학문에 많은 관심을 기울여 유명한 대수·기하학 전문가인 포틴이 자신의 저서 제목을 '클레오파트라 법전'이라고까지 붙였다고 한다. 로마의 역사가 플루타르코스에 의하면 "그녀의 혀는 마치 각기 다른 음을 내는 여러 개의 악기와도 같다. 그는 별다른 어려움 없이 여러 나라말을 구사했다. 통역사의 도움이 거의 필요 없을 정도였다. 그녀가 구사할 수 있는 외국어는 에티오피아어, 아랍어, 히브리어, 라틴어, 시리아어, 메디아어, 파르티아어 등 이루 헤아릴 수 없을 정도로 많았다"고 한다. 그녀는 재위 기간 중 탁월한 외교 능력을 발휘했는데, 이런 외국어 실력이 바탕이 됐을 것이다.

악인의 매력을 훔쳐라

착함이 때로는 고통이 된다

Sometimes the pain is goodness

1. 당당하게 자신을 사랑하라

악인들은 사랑에서도 성공한다. 클레오파트라는 시저와 안토니우스를 사로잡는 데 성공하였고 그들을 이용할 줄 알았다. 또한 서태후나 무측천 같은 인물들도 모두 왕을 사로잡는 데 성공했고, 그들을 이용하여 권력을 쟁탈하였다. 이들의 테크닉을 우리도 배울 필요가 있다. 그 비결은 당당하게 자신을 사랑하는데 있었다.

2. 자주 괴롭힘당하는 우리 아이

초등학생 학부모 정은은 아들 때문에 속상한 마음이다. 아들이 학교에서 따돌림을 당하기 때문이었다. 수업 시간에는 문제가 없었다. 그런데 쉬는 시간이나 하교 후 아이는 괴롭힘을 당하거나 따돌림을 당했다. 아이의 몸에 난 상처를 볼 때마다 한숨이 나왔다. 얼마 전에는 담임선생님과도 상담해 보았지만, 잠깐 따돌림이 그쳤을 뿐 궁극적인 해답이 될 수 없어서 고민 중이다.

저항이 답이다.

따돌림을 원하는 아이는 없다. 아이가 따돌림을 당하는 것은 아이가 참고 지내고 있기 때문이다. 참는 아이의 마음은 다음과 같다.

'알리면 더 보복이 올 것 같아. 그냥 참고 넘어가자. 지금 참으면 언젠가는 괴롭힘이 그칠 거야.'

하지만 괴롭히는 아이의 마음은 이 마음과 정반대이다.

'이 녀석은 괴롭혀도 저항하지 않아. 계속 괴롭혀도 되는 아이야. 좀 더 괴롭혀 주어야겠어.' 두 아이가 이 같은 사고방식을 가지고 있다면 상황은 진정되지 않는다. 참고 견디는 착한 성품으로는 도저히 극복할 수 없는 상황인 것이다. 아이에게 필요한 것은 저항 정신이다. 불합리한 상황에 대해 알리고 저항해야 한다. 가족에게, 선생님에게, 친척에게, 경찰에게, 모든 수단을 동원해서 자신이 겪고 있는 불합리한 상황을 이겨내야 한다.

3. 자기 의견이 없는 착한 아이

착한 아이들은 자기 의견이 없는 경우가 있다. 어른들이나 선생님들은 이런 아이들을 칭찬하기 바쁘다. 하지만 이것은 절대 칭찬의 대상이 아니다. 칭찬하는 당신은 아이를 죽이고 있음을 알아야 한다. 아이에게 필요한 것은 자신의 의견을 생각하고 주장할 힘이지 절대 선생님이나 부모의 추종자가 되는 것은 아니기 때문이다.

악인의 매력을 훔쳐라

주장이 답이다.

아이의 주장을 허용하라. 때론 아이가 악할지라도, 자신 의견 없이 대리자의 주장을 따라 하는 허수아비가 되는 것보다 훨씬 낫기 때문이다. 성장할수록 더 그렇다.

〈 주장하는 법 〉

- 품위 있게 자기 주장하기

1단계 : 상황에 대한 사실적 진술

　　　'~에 대해서 지금 이야기를 나누고 싶은데요.'

2단계 : 자기 감정의 표현

　　　'당신이 날 비난하면 내가 사랑받지 못한다는 느낌을 받아요.'

3단계 : 구체적으로 말하기

4단계 : 상대방이 응해 주었을 때의 보상 언급하기

　　　'당신이 ~해 준다면 나는 매우 기분이 좋을 거예요.'

불을 지르고 싶었다. 악인들의 뜨거운 매력을 훔쳐와 당신의 가슴속을 끓게 하기를 원했다.

일반인의 매력이 약간 모자란 2% 음료수와 같다면 악인의 매력은 오랫동안 숙성시킨 진한 엑기스와 같다. 당신의 몸속에 악인의 매력을 집어넣자. 온몸을 돌고 도는 소금처럼 당신의 삶을 새롭게 해 줄 것이다. 당신은 악인이 얼마나 악랄한지 느꼈을 것이고, 악인들이 때로는 천재적인 사고방식과 행동으로 세상을 극복했음을 배웠을 것이다.

그렇다면 이제 실천이다. 역사적 기록은 당신에게 말하고 있다. 그리고 어떻게 살아야 하는지를 가르쳐 주고 있다. 당신은 누구에게서 힌트를 얻었는가. 힌트를 얻은 인물의 삶을 다시 한 번 읽어 보자. 그리고 현재 자신의 삶에서 그 인물의 행동과 사고방식을 실천해 보자. 당신은 이용당하지 않고, 패배자가 되지도 않고, 무기력해지지도 않을 것이다. 독수리의 날개를 단 듯이 날아오를 것이다. 독수리의 날카로운 부리와 발톱처럼 무서운 악인의 매력을 느꼈기 때문이다. 그 매력은 당신을 승리자로 만들 것이다.

악인의 매력을 훔쳐라

* 참고 문헌

이경윤, 정승원, 《세계 악남 이야기》, 삼양미디어, 2009
기류 미사오, 《우아하고 잔혹한 악녀들》, 중심, 2001